KB071451

차크라
힐링 워크북

Brenda Davies 저 | 박애영 역

학지사

　살아 있는 모든 것은 에너지로 가득 차 있다. 우리의 몸도 에너지로 가득하며 자신만의 에너지를 발산하고 있다. 20세기 이후 많은 학자가 에너지 의학에 관심을 가지면서 보이지 않는 에너지의 작용에 대한 연구를 진행해 왔다. 특히 고대 인도 요가 체계의 기반인 차크라 에너지 체계가 서양에 알려지면서 많은 사람이 관심을 가지기 시작했다. 우리는 이 차크라 체계에 의해 환경과 우주, 창조 등 다양한 수준의 힘과 상호작용하면서 끊임없이 교류하고 있다. 의식적으로, 그리고 잠재적으로 차크라를 통해 주변 사람이나 생명체 및 무생명체에게까지 영향을 줄 수 있고, 치유의 진동을 보낼 수 있다. 창조 행위를 하거나, 지식을 습득하거나, 관계를 잘 맺거나, 사랑과 기쁨을 경험하기 위해서는 차크라가 조화롭게 작용하고 열려 있어야 가능하다.

　우리는 관계를 떠나서 살 수 없다. 우주의 모든 것이 특정한 리듬과 주기를 갖고 있듯이 우리도 우리만의 독특한 리듬을 갖고 있다. 신체적 몸 안에 있는 영적 존재인 우리는 일정한 순서와 주기에 따라 성장하고 발달해 간다. 하지만 삶에서 특정한 시기에 경험한 사건과 사람에 의해 상처를 입고 성장이 방해받거나 멈추기도 한다. 우리는 삶의 여행을 하는 동안 '나는 누구인가?' '어떤 힘이 나를 움직이는가?' '인간관계가 왜 이렇게 힘든가?'라는 질문을 스스로에게 하면서 지혜를 구하기도

한다. 존재론적 질문에 접근하기 위해 다양한 초월영성적 개인상담 및 집단상담을 위한 도구가 시도되고 있다. 특히 차크라 에너지 체계에 대한 지식을 전달하는 이론 서적이 많이 나와 있으나 전인적 상담치유 작업에 쉽게 적용할 수 있는 체계적인 안내서가 없어서 늘 아쉬웠다.

이 책은 각 차크라의 기본 지식과 기능에 대해서, 차크라가 차단되어 미발달되었을 때 나타나는 문제에 대해서 친절하게 설명하고 있으며, 치유를 위해 에센스 오일이나 향, 젬스톤을 활용하는 방법도 소개하고 있다. 그리고 각 차크라 단계별로 해당하는 시기의 기억을 떠올려 그 당시의 사건과 사람들에 대한 감정과 느낌을 치유하는 자기 탐색 작업을 하면서 명상을 통해 온전한 치유가 일어나도록 안내하며, 스스로 확언을 만들어 다짐함으로써 내적 힘을 기르도록 구성되어 있다.

이 책의 차크라 힐링 탐색 작업과 치유 명상을 통해 우리 모두 '나는 누구인지' '어떤 힘이 나를 움직이는지'를 알아차리고, 관계에서 일어난 상처를 치유하면서 자신을 이해하고 통찰하는 과정을 통해 온전한 몸으로 온전한 삶, 지혜로운 삶을 영위하길 바란다.

저자인 브렌다 데이비스는 정신건강의학과 의사이면서 전통적인 의학에 고대 힐링 기법을 접목하는 영적 치유자이다. 우연히 브렌다의 책을 발견하고는 집단상담 치유 프로그램에 적용해 보았는데, 심리적 · 정신적 · 영적 통찰과 역동이 일어나면서 뛰어난 치유 효과를 경험하고 번역을 욕심내게 되었다. 출간을 허락해 주신 학지사 김진환 대표님과 편집부 관계자분들께 감사의 마음을 전하며, 차크라 심리학과 차크라 힐링에 관심이 있는 분들, 특히 상담자들에게 도움이 되기를 바란다.

혜안지에서 Nada 박애영

저자 서문

하늘을 날거나 물 위를 걷는 것이 기적이 아니라
땅 위를 걷는 것이 기적이다.

- 중국 속담 -

필자가 『The 7 Healing Chakras』를 쓴 이후에 다른 책을 써 달라는 요청을 받고는 한편으로 관심이 끌렸다. 하지만 필자는 이런 동반자 같은 워크북을 쓰기를 원하고 있었다. 지금이 분명 그때라고 생각하며, 『The 7 Healing Chakras』를 더 쉽게 쓰도록 기회를 준 Ulysses 출판사에 항상 감사한 마음이다. 수년 동안 『The 7 Healing Chakras』는 수천 명이 자신의 삶을 더 나은 방향으로 변화시키는 데 도움을 주었으며, 온전해지려는 사람들의 여행에서 동반자였다는 것에 자부심과 영광을 느낀다. 하지만 옛 속담에서처럼 우리는 듣기만 하면 잊어버리고, 보면 기억을 하지만, 직접 해 보면 이해를 하게 된다. 필자는 이 워크북으로 좀 더 연습하고 더 잘 이해하여 독자들이 자신감을 갖게 되리라 기대한다!

13세기 신비주의자이자 시인인 루미는 "신은 우리의 발 앞에 사다리를 놓아두었어요. 우리는 그것을 하나씩 올라가야만 하지요."라고 말했다. 차크라는 그 사다리의 가로대로 보일 수 있다. 차크라를 치유하고 발달시키는 작업을 통해 우리의 삶을 측정할 수 없을 정도로 강화시키고, 우리가 꿈만 꾸었던 것들을 실현하게 한다. 이 행성에 머무는 동안 우리는 인간이 되도록 최선을 다하는 영적 존재이다. 우리의 신체적인 몸은 화신의 가시적인 증거이며, 우리가 정서를 경험하고 공유할 수 있게 하고, 그 당시에 화신을 선택했던 다른 존재들과도 관련이 있다. 몸은 복잡한

신경계와 감각을 통해 물질세계를 해석하며, 또한 몸은 우리 영혼의 집이다. 모든 세포는 기억과 지성을 담고 있다. 하지만 그것은 우리가 우리의 영혼에 접근해 자기 자신으로서 최선을 다하는 영혼의 선물을 우리 삶에 통합하는 것과 같다.

뿌리 차크라보다 더 낮은 차크라도 있고 왕관 차크라보다 더 높은 차크라도 있지만, 중요한 일곱 차크라라고 하면 일반적으로 이 책에서 다루게 될 뿌리(root), 천골(sacral), 태양신경총(solar plexus), 가슴(heart), 목(throat), 미간(brow), 왕관(crown) 차크라를 말한다. 이 차크라들을 이해하고 치유하고 발달시켜야 우리의 삶, 즉 인간과 영성의 모든 측면을 다룰 수 있고, 뚜렷한 성장과 변화를 가져올 수 있다. 우리가 기대하는 효과는 여기에 제시되어 있어서 이용 가능하다. 몇 가지 예를 들면, 용기, 확고함, 성실, 사랑, 신뢰, 이해, 정의, 의사소통, 비전, 통합 등이 있다. 그뿐만 아니라 우리는 삶을 내면의 안전과 안정감, 평화, 기쁨을 경험하는 상태로 바꿀 수 있으며, 좋은 체력과 건강을 타고날 수도 있고, 주변 사람과 훨씬 어린 사람이 가지고 있는 깜짝 놀랄 정도의 에너지를 수년간 유지할 수도 있다. 우리는 우리가 선택한 인간으로서, 그리고 동시에 진정한 영적 존재로서 삶을 살아갈 수 있다. 지상에서 살면서 특별한 것을 이루는 동안 '정상적인' 보통의 인간(앞의 중국 속담을 다시 읽어 보라)이 되는 것이 목적이다. 삶은 성장에 중요한 자극이 되는 문제들을 우리에게 계속해서 던져 줄 것이다. 하지만 우리는 그 문제들이 주는 가르침을 환영하면서 그 문제를 발판으로 삼아 감사하며 시작한다. 차크라에 대한 작업을 하면 우리를 계속 움직이게 하여 현실의 한 지점에 안주할 가능성이 줄어들기 때문에 우주가 우리를 움직이도록 자극을 줄 필요가 없다. 그래서 삶은 더 유연해지고 즐거워진다. 하지만 항상 빛과 그림자가 있어서 우리가 인간이기를 선택할 때 우리가 채택한 몇 가지 제약을 떠올리도록 움직인다.

필자는 당신이 여기에서 그 작업을 즐기기를 바란다. 일부는 놀이가 될 것이다! 필자는 수년 동안 틈틈이 이 연습 대부분을 필자 자신에게 적용해 왔다. 필자가 재미있게 했던 몇 가지도 여기에 소개했다. 필자가 좋아하는 것은 명상이다. 필자를 위해 적극적인 명상을 하며 보낸 시간은 매우 즐거웠고, 그 효과는 매우 즉각적이었다. 필자는 자신에게 이런 즐거움을 허락하면서 매일 일정 시간을 보낸다. 힐링의 큰 목표는 용서이며, 우리의 삶에서 자주 반복해서 일어나는 주제이다. 우리는 과거에 있었던 많은 일에 신경을 쓰고 감정을 끌어당겨, 우리의 잠재의식의 깊은 곳에서 끌어올리면서 매일 용서에 대한 작업을 하는 자신을 발견할 수 있다. 우리는 모든 것이 정화되고 평화롭다고 생각할 때조차 노래 한 곡이나 과거에 알던 누군가의 전화 한 통 같은 사건에 혼란스러워지고 아직까지 치유되지 않은 뭔가를 불러일으키는데, 그것은 우리가 과거로부터 자유로워지기 위해 스스로를 용서해야 한다는 것이다. 다시 우리가 그 상황의 선물을 바라보기 위해 치유 명상이나 연습으로 돌아가면 그것은 우리의 삶을 어떻게든 변화시키고, 우리가 있는 곳으로 우리를 어떻게든 데려와 우리 자신의 치유를 시작하기에 충분한 고통에 빠뜨린다. 그리고 그 작업이 진행되면서 우리는 화가들이 한쪽 끝에서 시작해 마치자마자 다시 시작한 곳으로 돌아가는 거대하고 놀라운 작품처럼 된다. 이에 대해 T. S. 엘리엇은 훨씬 더 유창하게 썼다.

> 우리는 탐험을 중단할 수 없어요.
> 우리 탐험의 종착지는
> 우리가 시작한 그곳에 도달하게 될 겁니다.
> 처음 그곳이라는 걸 알게 되지요.

이 작업은 우리가 집으로 돌아갈 때만 완성된다.

우리가 신에게 한 뼘이라도 다가간다면 신은 1완척(중지에서 팔꿈치까지의 거리)으로 우리에게 다가올 것이고, 우리가 신의 방향으로 한 걸음만 다가가도 신은 반갑게 우리에게 달려올 것이다. 물론 이것은 항상 내가 발견한 것이다. 신은 거기서 당신을 반길 것이며, 길에서 동행하게 될 것을 알고서 당신이 용기를 갖고 나아갔으면 하는 것이 나의 바람이다. 이 워크북이 당신의 치유 도구가 되고 당신이 인류애와 신성으로 동시에 살면서 더없이 행복하고 자연스러운 상태를 향해 즐겁게 다가가기를 바란다. 체호프는 "우리는 평화를 발견할 수 있어요. 우리는 천사의 소리를 들을 수 있어요. 우리는 다이아몬드처럼 빛나는 하늘을 볼 수 있어요."라고 말했다. 당신의 여행을 즐겨라. 나는 그 길에서 당신을 다시 만나기를 바란다.

옳음과 그름의 판단 너머에 어떤 영역이 있으니
나는 그곳에서 그대를 만나리.

– 루미 –

2003년 11월
브렌다 데이비스

분노를 돌이켜 보지 말고 두려움을 기대하지 마라.
그러나 의식적으로 주위를 둘러보라.

- 제임스 서버 -

이 책은 『The 7 Healing Chakras』(Ulysses Press, 2001)의 지침서로 기획되었고, 당신 자신과 당신의 건강, 관계, 삶을 지휘하는 데 도움이 될 것이다. 이 워크북의 각 장에서는 각 차크라의 위치, 색, 발달, 다른 차크라와의 특별한 연결, 모양과 신경학적 연결, 관련된 오라체(auric body)를 포함하여 각 차크라에 대해 간단히 살펴볼 것이다. 그런 다음 차크라의 기능과 어떤 이유로 차크라의 발달이 방해된다면 어떤 일이 일어나는지를 간단히 살펴볼 것이다. 또한 당신이 작업하면서 사용하기에 유용한 오일과 젬스톤 목록도 있다. 당신은 『The 7 Healing Chakras』에서 더 상세한 정보를 발견할 것이므로 뭔가를 찾고 싶을 때를 위해 이 책을 항상 당신 곁에 두라.

각 장에 있는 자기 평가 질문지는 삶의 사건이 이런 특별한 차크라에서 일어날 수 있는 문제를 한눈에 볼 수 있게 도와준다. 당신이 지금까지 삶에서 일어났던 일들을 치유하면서, 죄의식이나 수치심을 내려놓고 각 차크라를 알고 이해하며 경험하는 것이 목표이다. 당신이 했던 일들 또는 고통스러웠던 질병들은 당신의 초년의 상실이나 고통의 빛에서 예측 가능하다는 것을 이해하게 될 것이다. 그저 이것을 깨닫고 자신을 친절하게 대하면 자존감을 높이고 치유 과정을 시작하는 데 도움이 될 것이다.

각 장에는 '자기 탐색'이라는 부분이 있는데, 이것은 차크라의 활성화와 발달 초기에 일어난 사건을 떠올리고 기록하면서 당신을 치유로 이끌어 그 당시에 당신의 삶에서 함께했던 사람들에 대한 당신의 감정과 만나게 한다. 우리의 모든 차크라는 전 생애에 걸쳐 발달하지만, 각 차크라는 30년 후에 다시 영향을 준다. 예를 들어, 뿌리 차크라는 대략 30~34세에 다시 집중하게 되고, 그 후 60~64세에 다시 영향을 주게 된다. 그래서 당신은 두 번째 집중 시기에 경험했던 것을 바라볼 기회를 갖게 된다. 더 오래 산다면 세 번째 기회도 가질 수 있다. 예를 들어, 당신이 30~34세 혹은 60~64세라면 뿌리 차크라와 관련된 문제, 즉 자존감, 자기 가치, 자기 확신 등의 문제를 살펴볼 기회를 다시 갖게 될 것이다. 당신이 실제로 속한 곳에 뿌리를 내리려고 노력하면서 어떤 종류의 활동을 생각하게 될지도 모른다. 당신이 우울했거나 중독에 빠졌다면 이때 그것에서 벗어나려고 시도할 수도 있고, 자신을 세상에서 특별하고 중요한 존재로 보기 시작할 수도 있다. 당신이 기억할 수 있는 무엇이든, 그리고 그 당시에 말했던 것이 무엇이든 기록하면서 그것들이 더 쉽게 치유되도록 표면으로 끌어낸다.

당신이 특정한 시기에 심각한 폭행 같은 극히 힘든 일이 몇 번 있었다는 것을 안다면 당신이 중요한 작업을 할 때 함께 있거나 도와줄 친구나 치료사를 찾아가라. 몇 주, 심지어 몇 달 동안 하나의 특정 차크라에 대한 작업을 하면서 자신을 발견할 수 있는 시간을 가져라. 그리고 당신은 이미 살아남았다는 것을 자신에게 계속해서 상기시켜라. 당신이 떠올린 사건의 일부가 감정의 흐름을 촉진하는 것이 사실이지만, 빨리 다음 차크라로 넘어가는 것도 치유의 흐름이 된다. 사건들을 그저 묻어 버리거나 부정할 때는 그것들에 사랑과 치유의 빛을 가져오기가 어렵다.

당신 자신의 치유 과정에 연습과 명상이 도움이 될 것이다. 그리고 오일과 젬스톤들은 당신의 경험을 완성하는 데 도움이 될 것이다. (일부 오일은 임신부의 사용을 권하지 않는다는 것을 기억하라. 이 사용법의 끝에 제시한 목록을 보라. 당신이 암을 앓은 경력이 있다면 당신이 좋아하지 않는 젬스톤을 포함해 모든 세포에 활력을 주는 백수정 사용을 피하라.) 명상을 기록하거나 당신에게 천천히 명상 안내문을 읽어 줄 친구가 있으면 도움이 될 것이다. 각 명상을 할 때는 시간을 충분히 가져라. 천천히 작업하고 자신에게 휴식할 시간을 허락하며, 일상으로 돌아가기 전에 해야 하는 것은 무엇이든 메모하라. 필자는 각 장의 끝부분에 몇 가지 확언을 적어 두었으며, 자신의 확언을 만들어 보기를 권한다. 마지막에는 당신이 바라는 것을 기록할 수 있는 여백이 있다.

여러 부분에서 당신은 자신이 느낀 것에 대해 기록하라는 요청을 받을 것이다. 하지만 시간에 쫓긴다면 감정에 이름을 붙이기가 어려울 것이다. 그래서 가끔 필요할 때 당신이 경험한 것과 가장 가까운 것을 선택할 수 있도록 감정 목록을 만들면 도움이 될 것이다. 당신이 이름을 붙일 수 있는 감정이 적어도 50개는 될 것이다. 그리고 일단 당신이 50개를 적으면 당신이 추가할 수 있는 것이 얼마나 많은지를 알기 위해 약간의 게임을 하면서 자기 자신을 발견할 수 있다고 필자는 생각한다(12쪽을 보라).

안전한 장소 만들기

가능하면 당신이 작업하기에 안전하고 편안한 장소가 필요한데, 물 한 잔, 노트 한 권과 양초 1개, 크리스털 1개, 꽃이나 화분 1개를 둘 수 있는 작은 테이블이나 덮개로 감싼 작은 상자와 의자 1개만 있으면 된다. 당신이 자신에게 매우 특별하게 느끼는 뭔가가 있다면, 이를테면 사진이나 조개, 돌 하나가 있다면 이것들도 당신 곁에 두라. 당신은 자신의 주변에 있는 누군가가 불편하지 않기를 바라면서 자신의 기분을 잘 유지하기 위해 오일이나 향을 사용할 수 있다. 당신이 아로마 치료사를 만난다면 마사지 오일이나 흡입용으로 목욕할 때 사용하기에 좋은 오일을 치료사가 섞어 주는 것을 좋아할 거라고 필자는 확신한다.

방해받지 않는 시간을 갖는 것이 좋다. 그래서 휴대폰을 끄는 것을 권한다. 아이들이 있다면 당신이 신경 쓰지 않도록 아이들이 지시를 따르는지 확인하라.

감정 목록		
여기에 당신의 감정 목록을 만들면 어떨까? 몇 개 적어 두었다.		
1. 기가 죽은	18.	35.
2.	19.	36.
3.	20.	37.
4.	21.	38.
5.	22.	39.
6. 걱정이 없는	23.	40.
7.	24.	41. 격노한
8.	25.	42.
9.	26.	43.
10.	27.	44. 매료된
11.	28.	45.
12.	29.	46.
13.	30. 어찌할 바를 모르는	47.
14. 의심 많은	31.	48.
15.	32.	49.
16.	33. 화가 치미는	50. 의기양양한
17.	34.	

확언

확언은 우리가 삶에서 적극적으로 창조하는 것에 대해 현재 시제에 맞는 긍정적인 말이다. 확언은 당신 자신을 창조하는 대단한 것으로, 당신은 워크북을 이용하거나 집이나 사무실, 안전한 곳에 붙여 두는 것을 좋아할지도 모른다. 당신의 가슴과 마음에 집중하고 자신의 의도를 확고히 하는 데 도움이 되기를 바랄 때마다 확언들을 읽어라.

임신 중에 사용해서는 안 되는 오일			
이 목록이 전부가 아닐 수 있으니 주의하라. 아로마 치료사에게 확인하라.			
바질	칼라무스	시더우드	클라리 세이지
히솝	재스민	주니퍼	마조람
멜리사	머그워트	페니로열	로즈메리
세이지	타임	윈터그린	

　내가 가장 바라는 것은 당신이 자신의 치유 과정을 즐기고 모든 풍요와 건강의 기쁨, 즉 영적으로 모험적인 삶을 감사할 수 있는 당신 내면으로 오는 것이다. 자, 시작하라.

차례

제1장

뿌리 차크라

"세상을 더 여유롭게. 더 큰 비전으로,
희망과 성공의 정신으로 사는 것이
가능해지도록 당신이 여기에 있다.
당신은 세상의 풍요를 위해 여기에 있으며,
당신이 그 심부름을 잊는다면
당신 자신을 가난하게 만들 것이다."

- 우드로 윌슨 -

세상을 더 여유롭게, 더 큰 비전으로, 희망과 성공의 정신으로

사는 것이 가능해지도록 당신이 여기에 있다. 당신은 세상의 풍요를 위해 여기에 있으며,

당신이 그 심부름을 잊는다면 당신 자신을 가난하게 만들 것이다.

- 우드로 윌슨 -

뿌리 차크라는 활성화되고 개발되는 주요 차크라 가운데 첫 번째 차크라이다. 그리고 뿌리 차크라의 건강은 우리가 자신과 세상, 우리가 있는 곳에 대해 어떻게 느끼는지를 보여 준다. 우리는 인간의 형상으로 여기에 있는 놀라운 영적 존재로서 우리 자신을 소중히 여기면서 변화무쌍한 영광 속에서 삶을 받아들이는 능력을 갖고 있다. 우리는 모든 것이 어려울 때도 살아남을 것을 알면서 안전과 자신감을 갖는 능력을 갖고 있다.

뿌리 차크라 작업을 통해 얻는 기대 효과

- 전반적인 에너지와 웰빙 감각의 향상
- 내면의 안전감이 더 커지면서 불안감 감소, 수면 상태 호전
- 그라운딩이 잘 됨, 즉 그냥 기분이 좋아지기보다 더 좋아지고, 삶의 우여곡절을 더 잘 다룸
- 자존감과 자신감을 더 많이 가지면서 자신의 타고난 아름다움과 독특한 가치를 인정함
- 당신이 전 우주 계획에 필요한 중요한 영적 존재라는 것, 그리고 그것이 무엇이든 당신의 공헌은 가치 있는 독특한 존재라는 것을 앎
- 자신의 정체성에 대한 보장, 다른 사람의 성공과 권한 부여에 대한 기쁨

- 지금까지 삶에서 일어났던 죄의식과 수치심의 폐기, 그리고 더 나은 안정과 건강에 대한 확신
- 뿌리 차크라와 관련된 신체적 불편감뿐만 아니라 중독과 바람직하지 않은 행동에 대한 치유

이제 다음 질문을 살펴보고 당신이 여기에서 해야 하는 작업을 스스로 평가하라.

자기 평가 질문지	
	1. 당신은 어디에도 속하지 못하거나 아니면 어디에 있든 외롭다고 느낀 적이 있는가?
	2. 당신은 일시적으로 음주, 약물, 게임이나 중독적인 행동에 빠지거나 지속적으로 자살을 생각하거나 자신의 삶에서 도망치려고 한 적이 있는가?
	3. 당신은 삶에 대한 모순된 생각을 하거나 태어난 것을 후회하거나 때로는 죽었으면 하고 바라는가?
	4. 당신은 발기 불능이나 오르가즘을 경험하지 못하는 등 섹스에 대해 실망한 적이 있는가?
	5. 당신은 출생 후 3~5세에 (출생 트라우마를 포함) 신체적으로나 정서적으로 약간의 트라우마나 고통, 어려움을 겪었는가?
	6. 당신은 불안함을 느끼고 그런 느낌을 보상받기 위해, 예를 들어 실제로 필요하지 않은 물건을 사거나 쌓아 둠으로써 아니면 소비를 억제함으로써 그 느낌을 보상받으려 하는가?
	7. 당신은 종종 허약하고 피곤하거나 아프다는 느낌이 남아서 에너지가 낮거나 예측할 수 없는가?
	8. 당신은 다리나 발에 신체적인 문제가 있는가, 아니면 치질이나 만성 변비가 있는가?
	9. 당신은 우울증 때문에 힘들었는가?
	10. 당신은 손목을 긋거나 화상을 입거나 약물을 과다 복용함으로써 스스로에게 상처를 주는 자기파괴적인 행동에 빠진 적이 있는가?
	11. 당신은 어린 시절 방임된 적이 있는가?
	12. 당신은 4세 이전에 질병(자신의 병이든 부모의 병이든) 때문에 부모와 분리된 적이 있는가?
	13. 당신은 출생 후 잠시 인큐베이터에 있었는가?

	14. 당신은 자존감, 자신감, 자기 가치감에 문제가 있는가?
	15. 당신은 정서적 · 신체적 · 성적으로 다른 사람에게 학대를 받은 적이 있는가?

주: 대부분의 문항에 체크한 경우, 뿌리 차크라에 문제가 있을 가능성이 있다. 이제 그것을 치유할 수 있도록 뿌리 차크라에 대해 학습하자.

뿌리 차크라의 기초

- **위치**: 약 4인치 크기, 회음부에 위치, 항문과 음낭/항문과 질 사이의 작은 조직. 건강한 상태에서는 빛의 원뿔에서 대지로 소용돌이치면서 두 다리 사이로 퍼져 내려간다.

- **색**: 붉은빛, 루비와 동일한 주파수로 회전한다.

- **활성화와 발달**: 뿌리 차크라는 출생 시 화신하는 순간 즉시 활성화된다. 최대 발달은 출생 초기 몇 개월 동안 일어나며, 뿌리 차크라에 대한 집중은 3~5세까지 계속 발달한다. 전 에너지 체계의 발달은 삶 전반에 걸쳐 계속되지만, 뿌리 차크라는 30~34세, 60~64세, 그 후 90~94세에 다시 일차적인 중심이 된다. 이 시기에 우리는 안정, 소속감, 누구와 어디에서 살기를 원하는지, 자신에 대해 어떻게 느끼는지와 관련된 문제에 집중하는 자신을 발견할 것이다. 우리의 뿌리를 재평가한다고 부르는 것처럼 이 시기에 우리의 삶이 극적으로 변화할 수 있다.

- **관련 림프**: 뿌리 차크라는 부신과 관련이 있다. 부신은 생존에 위협을 느낄 때 작용하고, 위험에 처했을 때 투쟁-도피 반응을 하게 한다.

- **신경학적 연결**: 항문, 성기 부위와 연결된 치골 신경총이다.

- **관련 오라**: 첫 번째 오라층인 에테릭 몸과 관련이 있으며, 푸르스름한 회색빛으로 신체적인 몸에서 내부 · 외부 윤곽을 따라 약 1인치 정도 퍼져 있다.

- **생존**: 뿌리 차크라의 목표는 이곳에 와서 뭔가를 완수할 때까지 무슨 일이 있어도 우리를 계속해서 살아 있게 하는 것이다.

뿌리 차크라의 기능

- **기본 욕구와 본능**: 뿌리 차크라는 먹고, 마시고, 잠자고, 섹스, 자기 보호, 은신처, 생식 등 기본적인 본능을 지배한다. 따라서 내면의 안전과 안정감을 다룬다.

- **그라운딩**: 삶의 충격을 견디고 소속감과 정체성을 가질 수 있도록 확고한 기반을 제공한다.

- **현명한 판단**: 뿌리 차크라는 우리가 모험을 하거나 위험에 처했을 때 위험을 피하는 필수적인 도구인 현명한 판단이라는 선물을 우리에게 보장한다.

- **자신감, 자존감, 자기 가치감**: 뿌리 차크라는 우리가 인간으로 여기에 있는 심오한 영적 존재라는 것을 상기시킴으로써 우리의 자신감, 자존감, 자기 가치감을 지지한다. 그리고 세상을 향한 독특한 메시지를 전달하고 인간으로서 임무를 다하도록 우리를 준비시킨다.

- **신체적 측면**: 뿌리 차크라는 하지, 엉덩이, 골격, 항문, 음경(남성)을 지배한다. (여성의 성기관은 정서 차크라인 천골 차크라의 지배를 받는다. 따라서 대부분의 여성은 사랑하고 양육하는 관계 상황에서 만족하면서 대부분 성을 안다. 뿌리 차크라에 의해 지배받는 성적 도구를 가진 남성은 섹스가 생존 문제라고 볼 수 있다. 하지만 남녀의 성욕이나 감각은 천골 차크라에 의해 지배를 받는다.)

일이 잘못되는 경우

특정 차크라의 기능을 알고 나면 그 차크라가 차단되어 있거나 약하거나 미발달되었을 경우, 나중에 일어날 수 있는 문제를 해결하기가 더 쉽다.

- **우울과 빈약한 내면의 안전**: 신체적으로나 정서적으로, 영적으로 만족감과 튼튼한 건강은 종종 우리에게서 멀어진다. 자신감 부족, 낮은 자존감 및 자기 가치감은 불안전한 느낌, 소속감 결핍, 고립감과 함께 우리를 우울의 고통으로 이끈다.

- **생존에 대한 이중 경향성**: 우울과 고립감은 삶에 대한 이중적 경향성을 초래하고, 기피하는 경향이 있다. 스스로 현실을 벗어나지 못하면서 정서적으로나 정신적으로 분리시킴으로써, 아니면 알코올, 약물, 도박, 섹스, 음식 등을 사용해 현실을 변화시킴으로써 생존에 대한 이중적 경향성을 일시적으로 가질 수도 있다. 때로는 영구히 떠나기를 바랄 수도 있고 자살을 선택할 수도 있다.

- **중독과 식이장애**: 약물, 알코올, 섹스, 관계, 도박, 일, 카페인, 설탕, 폭식, 단식 등 일시적인 도피나 우리 자신을 회피할 수 있도록 타인을 돌보는 것은 중독 위험과 식이장애를 일으킨다.

- **냉소주의와 부정성**: 만족과 기쁨의 만성적인 결핍은 냉소주의와 부정성을 일으키는데, 이런 냉소주의와 부정성은 우리가 삶을 영원한 실망 상태로 끌고 내려가게 함으로써 거부감을 증가시켜 우리를 더 격리시킨다.

- **사람들을 즐겁게 하기**: 두려움, 거부감이나 냉소적 사고는 우리가 절실하게 인정을 받도록 만든다. 그래서 우리는 짜증 나게 아첨하게 되고, 우리가 생각하고 느끼는 것을 말할 용기가 부족해 스스로 굴욕감을 느끼면서, 모든 사람을 즐겁게 하려 하고 자기혐오는 더 심해진다.

- **흑백 논리적 사고**: 우리가 사랑한 사람들이 결점을 갖고 있고 우리가 좋아하지 않는 사람들이 여전히 장점을 갖고 있다는 진실을 통합할 수 없다. 따라서 우리는 누군가를 이상화하고 타인을 악령으로 묘사한다. 이런 사고방식은 관계뿐만 아니라 삶의 모든 영역에서의 의견과 판단에 영향을 줄 수 있다.

- **판단력 부족과 위험을 감수하는 행동**: 위험을 감수하려는 의지는 칭찬할 만한 특성이지만 여기에서 우리는 죽음 충동의 일종의 한계로 화가 나서 우주와 자신을 시험하면서 재앙을 대수롭지 않게 여긴다.

- **신체 증상**: 발, 다리, 엉덩이의 장애, 치질, 치루, 근골격계 문제는 모두 뿌리 차크라의 발달 시기 동안 잘 발달되지 못한 것을 시사한다.

뿌리 차크라를 위한 오일과 젬스톤

- 유용한 오일과 향에는 라벤더, 샌들우드(백단향), 시더우드(삼나무), 파촐리 등이 있다.
- 크리스털에는 연수정, 가넷, 블러드스톤(혈석), 루비 등이 있다. 이 젬스톤들은 모두 성에너지에 좋고, 조화와 균형을 촉진한다.
- 블러드스톤은 혈액을 치유하는 특성이 있고, 작업하는 동안 중심을 잡는 데 도움을 준다.
- 스모키 쿼츠(연수정)는 명상을 하는 데 도움을 주고, 부정성과 의심을 없애는 데 도움을 준다.
- 가넷(석류석)은 리비도를 성의 정서적·영적 부분과 균형을 이루게 하고, 사랑, 연민, 상상력을 강화하는 더 높은 차크라(다른 크리스털과 마찬가지로)에 영향을 준다.
- 루비는 뿌리 차크라 자체인 것처럼 힘과 열정으로 충만하다.

자기 탐색

첫 번째 시기

뿌리 차크라 부위에 집중하여 자신의 삶에서 그 당시를 살펴보자.

이제 천천히 눈을 감고 자신의 호흡을 알아차린다. 그런 다음 자신의 삶에서 각 시기에 집중할 때마다 마음에 떠오르는 것을 기록하라. 아직 떠오르지 않으면 두세 번 더 집중하더라도 걱정하지 마라.

출생에서 3~5세에 기억나는 것은? (이 시기에 가장 중요한 사건은 출생 과정이다. 뿐만 아니라 임신 중에 어머니에게 일어난 일, 어머니가 그 후에 어떻게 했는지, 다른 형제의 출생, 부모의 관계, 누군가의 죽음, 이혼이나 그 후 일어난 분리 등, 어쩌면 유치원이나 초등학교 때 시작하여 거기서 일어난 문제들과 이 시기에 일어난 모든 종류의 학대 등을 적어라.)

이 시기에 대해 들었던 것은?

이 시기에 가장 중요했던 사람은?

그 당시 그 사람에 대한 나의 감정은?

인간은 몸을 자신
의 영혼과 구별하
지 못한다. 몸이라
고 부르는 것은 이
시대에 영혼의 주
입구인 다섯 가지
감각에 의해 알아
차린 영혼의 일부
이기 때문이다.

윌리엄 블레이크

두 번째 시기

30~34세에 내 삶에서 일어난 일은?

내 삶에서 중요했던 사람은?

그 당시 그 사람에 대한 나의 감정은?

세 번째 시기

60~64세에 내 삶에서 일어난 일은?

> 날 듯이 기쁨의 키스를 하는 사람은 영원의 일출에 살고 있다.
>
> 윌리엄 블레이크

내 삶에서 중요했던 사람은?

> 내면의 무시와 포기 영역은 당신에게 소리친다. 그것들은 수확이 시급하다. 그런 다음 그것들은 무시를 거짓 추방으로 내보내고 소속 사원인 영혼으로 들어갈 수 있다.
>
> 존 오도나휴

그 당시 그 사람에 대한 나의 감정은?

이 모든 것이 나에게 준 것은

당신의 삶에서 얻은 긍정적인 영향을 적어라(예: 나는 맞서는 것을 배웠다. 나는 독립하는 것을 배웠다. 나는 나 자신과 타인을 돌보는 능력을 갖게 되었다. 그것이 나를 치유사가 되도록 이끌었다). 지금 긍정적인 영향을 알 수 없다면, 이 부분은 그냥 넘어가라. 더 많은 감각이 생길 때, 그때 다시 돌아오라. 뿌리 차크라에 대한 작업을 하는 경우 용서하고 치유하며 내면의 평화를 끌어오는 자신의 능력을 상당히 증가시키는 두 가지 명상을 다시 하라.

다음 연습과 명상, 확언은 이제 당신이 이미 밝힌 것을 치유하는 데 도움이 될 것이다.

연습

이제 치유를 시작하자. 당신의 경험과 연결된 정서가 여전히 생소하게 느껴지더라도 당신은 살아남았으며 과거의 어떤 것도 이제 당신을 해칠 수 없음을 기억하라.

다음의 각 연습은 당신이 좋아할 때마다 어떤 순서를 선택하든 반복할 수 있다. 심지어 더 높은 차크라를 진행하는 경우 이 연습들을 영적 수행으로 결합할 가치가 있다. 나는 수년 동안 나 자신에게 작업을 진행했음에도 불구하고 매일 모든 차크라에 대한 연습을 하고 있다.

연습 1

준비 이 책/펜/안전한 장소/양초(주의 깊게 사용하고, 불을 켜 둔 채 자리를 비우지 마라.)/아로마 오일(버너와 따뜻한 물을 주의하라.)

최소한 45분 동안 전화기를 끄고 방해받지 않게 하라.

자신의 삶에서 가장 중요한 자기 자신에게 집중하는 동안 외부 세상은 신경 쓰지 마라.

하고 싶은 것, 즐기곤 했던 것 다섯 가지를 적어라(예: 하루 종일 해변에서 지내기, 책을 들고 웅크린 채 혼자만의 저녁 시간 갖기, 마사지받기, 완전히 새로운 뭔가를 하기). 땅과 접촉하는 활동, 즉 숲길 걷기, 해변을 맨발로 걷기, 조개껍질이나 야생화, 솔방울, 예쁜 잎사귀 모으기 등. 어쩌면 집으로 돌아가 그것들로 콜라주를 만들거나 안전한 장소에 있는 작은 제단 위에 그것들을 배열할 수 있다.

1. _____

2. _____

3. _____

4. _____

5. _____

　잠시 눈을 감고 이것들을 각각 어떻게 느끼는지 시각화하라. 시각화한 각 상황을 기록하라.

1. _____
_____

2. _____
_____

3. _____
_____

4. _____
_____

5. _____
_____

　이제 하고 싶은 것을 하기 위해 스스로 날짜를 정하라. 어떤 사람은 바로 지금 시작할 수도 있고, 다른 사람은 몇 가지 준비를 할 수도 있다. 하지만 대부분 바로 시작할 수 있는 첫 번째 단계는 항상 있다(예: 휴가를 결정하는 경우 첫 번째 단계로 여행 안내서를 구하거나 직장에서 휴가를 신청할 수도 있다. 당신이 마사지를 원하는 경우 좋은 치료사를 찾을 수도 있다).

이 행성의 안녕을 위해 크게 기여할 수 없는 사람은 살아갈 수 없다.

수잔 제퍼스

1. _____

2. _____

3. _____

4. _____

5. _____

이 날짜들을 자신의 일정에 넣어라. 자신과의 약속은 누군가와의 약속만큼이나 중요하다. 그러니 약속을 존중하고 지키려고 노력하라. 자신과의 약속을 어겨야 한다면(매우 합당한 이유가 있기를 바란다), 가능하면 즉시 일정을 다시 계획하고 매우 중요한 사람인 자신과의 약속을 실행하라.

자신의 약속 중 하나를 해결했을 때, 여기에 날짜를 적고 어떻게 느꼈는지를 기록하라. 이런 감정들을 자신이 기대했던 것들과 비교하라.

1. _____
   _____

2. _____
   _____

3. _____
   _____

4. _____
   _____

5. _____
   _____

자신이 느끼는 것을 어떻게 생각하는지와 실제로 어떻게 했는지 둘 사이에 다소 불일치가 있는가? 그것을 어떻게 설명하는가? (예: 당신은 친구들과 점심 식사를 할 수 있다는 것이 얼마나 즐거운지 잊어버렸다. 아니면 즐거웠던 경험이 꽤 오래되었고 실제로 어떻게 잊어버렸는지를 알게 된다.)

연습 2

　　자기 힐링을 위한 여행에서 첫 번째 단계에 대한 보상을 할 시간이다. 보상이 매우 작을 수도 있지만 (고가를 원한다면) 영적 여행에 중요한 뭔가가 있어야 한다(예: 양초, 오일이나 향, 크리스털). 한두 시간 혼자 쇼핑을 하는 것도 좋다. 그런 다음 구입한 것과 관계를 맺을 시간을 가져라―그것을 만지고, 그것을 느끼고, 그것을 즐겨라. 그것을 소유한 데 대한 가벼운 흥분감을 느껴라. 그것의 가치를 인정하는 것은 자신을 인정하는 데 도움이 될 것이다.

　　나를 위한 특별한 보상으로 내가 구입한 것은?

　　그것을 구입하는 것은 내게 _____을 느끼게 만들었다.

연습 3

준비 이 책/펜/안전한 장소

처음에는 20분 정도 방해받지 않게 하라.

2~3일 후에는 20~30분 정도 더 필요하다.

초기 뿌리 차크라 시기(출생에서 4~5세)에 대해 썼던 처음으로 돌아가 마치 누군가에 대해 읽는 것처럼 읽어 보라. 당신이 견디며 살아온 내내 당신 앞에 앉아 있는 한 아이를 상상하라. 이 아이를 편안하게 하는 편지를 아이에게 써라.

-------------------------------- 에게

이틀 후,

그 편지를 꺼내 아이에 대해 몰랐던 것을 썼던 것처럼 편지를 읽어 보라.

편지를 읽은 후에 다음 부분을 완성하라.

이것을 견디며 살았던 그 아이가 가진 감정은? (예: 연민, 사랑, 두려움, 슬픔)

이 아이를 위해 하고 싶은 것은? (예: 아이를 껴안아 주기, 아이의 손을 잡기, 아이를 돌보기. 복수나 보복에 대한 생각은 여기에 포함하지 마라. 오히려 이런 생각들은 영적 수준에 더 큰 해만 끼칠 것이다.)

> 당신 자신과 많은 시간을 가져라. 모든 문제를 과거로 보내라. 무시당한 당신의 영혼의 존재가 마중 나와 다시 당신과 관계를 맺게 하라.
> 존 오도나휴

이제 눈을 감고, 당신이 할 수 있는 한 더 많은 사랑과 연민으로 이 아이를 자신 안에 통합하라. 할 수 있다면, 당신이 이 아이에게 상처를 주지 않고, 포기하지 않고, 무시하지 않는다는 약속을 하라.

할 수 있다면, 아이 자기를 안아 주고 친절하게 대하라. 현재로 돌아오기 전에 잠시 시간을 가져라.

연습 4

준비 서거나 누울 수 있는 공간이 필요하다.
　　　　10분 정도 방해받지 않게 하라.

그라운딩(grounding)

우선 그라운딩에 대해 알아보자. 그라운딩은 지구와의 연결을 확인하면서, 그리고 에테르로 점점 사라지고 인간성의 단절로부터 우리를 보호하면서 약간 빛나는 막대기처럼 작용한다. 그라운딩은 유별나고 변덕스러워지기보다는 우리가 힘이 있고 실제로 머물도록 도와준다. 그라운딩은 항상 어디에서든 할 수 있고, 결국에는 잠시 시간을 갖거나 단 한 번의 호흡으로도 할 수 있다. 그라운딩은 일상에서 가능하면 규칙적으로 아침에 하는 첫 번째 일로, 명상이나 어떤 영적 작업을 한 후에, 누군가의 질병이나 매우 불안해할 때, 스트레스를 받거나 균형이 깨졌다고 느낄 때, 아니면 신체적으로나 정서적으로 또는 영적으로 공격을 받고 있을 때도 할 수 있다. 그라운딩을 하면서 경험한 모든 신체의 변화도 기록하라. 당신은 체중이 변하는 것처럼 느낄 수도 있다(어쩌면 발뒤꿈치로 쉬는 것처럼, 즉 약간 뒤로 기대는 것처럼 느낄 수도 있다). 당신은 더 견고하게 느낄 수도 있지만 여전히 힘이 있고 분명하다. 당신에게 신선한 힘을 가져다주면서 마치 바람이 불어오는 것처럼 당신의 중심을 통해 똑바로 내려오는 에너지의 강력한 흐름과 만나려고 대지가 다가오는 것으로 보일 수 있다. 당신이 새로운 지각을 알아차리게 되면 그라운딩될 때를 아는 데 도움이 될 것이다.

그럼…… 가능하면 서서 하라. 그러나 몇 가지 문제 때문에 서서 할 수 없으면 앉거나 눕는 것이 더 좋을 것이다. 척추를 똑바로 세울 수 없는 이유가 있어도 걱정하지 마라. 다음 문단의 처음 세 문장은 그냥 넘어가라. 에너지는 당신이 시각화할 때마다 그렇게 될 거라는 생각을 따른다.

두 발을 바닥에 붙이고 서는 경우 체중을 골반에 두도록 무릎을 약간 구부려라.

그렇게 하면서 무게 중심이 변하고 약간 더 무겁게 느낄 수도 있다(걱정하지 마라. 그렇지 않다). 이 위치에서 가장 중요한 힘 채널은 수직적이고 차크라는 정렬된다. 이제 원하면 눈을 감고 심호흡을 하라. 그리고 당신의 중심을 통해 내려오는 호흡을 상상하라. 뿌리 차크라와 발바닥 차크라(부 차크라)가 마찬가지로 대지로 열려 있는 두 발바닥을 통해 숨을 내쉬어라. 뿌리 차크라에서 놀라운 루비의 붉은 빛이 대지로 내려오는 동안 빛의 회전이 두 발바닥에서 대지로 내려가는 것을 상상하라. 마치 빛의 삼각대 위에 앉아 있는 것처럼 느끼고, 편안한 의자에 앉아 있는 것처럼 대지가 당신을 잡고 있다고 느껴라. 이제 다시 심호흡을 하고, 지금 정수리를 통해 흰빛이 들어오고, 그것이 가장 중요한 힘 채널을 통해 내려와 뿌리 차크라를 통해 대지로 내려온다고 시각화하라. 깨끗하고 신선한 에너지의 정화를 느끼고, 아래의 대지와 위의 우주가 당신을 안전하게 잡고 있다는 것을 알라. 잠시 그것을 느낀 다음, 두 다리를 반듯하게 하여 대지와 연결하라. 이제 자신의 몸을 스캔하고, 어디서 어떻게 다르게 느껴지는지를 기록하라. 그런 다음 이완하라. 대지가 당신을 붙잡고 있다. 대지에 감사와 내면의 미소를 보내라. 움직일 준비가 되면 그렇게 하라. 당신은 적어도 잠시 동안 그라운딩한 채 머물 것이다. 하지만 당신이 그라운딩하는 것이 익숙해질 때까지 그라운딩되었다고 느끼든 아니든 마음에 떠오르는 대로 자주 확인하라. 항상 '생각을 하고' 있다면, 당신의 연결을 유지하는 데 시간이 좀 걸릴 수 있다. 우리가 오랫동안 우리 자신에 대한 작업을 했더라도 과정을 벗어나는 일이 우리에게 일어날 수 있다. 그래서 그저 더 많이 알아차리는 것이 좋은 수련이다.

명상

최고의 효과를 얻기 위해 명상을 하라. 당신은 원하는 만큼 자주 명상을 반복할 수 있다. 그리고 나중에는 두 번째 명상만을 하려고 할지도 모른다. 그것도 괜찮다. 필요한 경우 7쪽에 있는 용서 구절을 읽어라.

명상 1

준비 이 책/펜/일기장/안전하고 평화로운 장소
최소한 45분 정도 방해받지 않게 하라.

～～～

자신의 삶에서 첫 5년간 특히 트라우마를 받았다면, 당신이 살아남았고 과거의 그 어떤 것도 지금 당신에게 해를 끼칠 수는 없지만 이 명상을 하는 동안 믿을 만한 친구나 심지어 치료사와 함께 하기를 원할 수도 있다.

필요한 지지대를 사용하여 척추를 가능하면 똑바로 세울 수 있을 만큼 편안하게 하고 그라운딩하라. 똑바로 앉아서 명상하는 것이 불가능하거나 이유가 있다면 누워서 하는 것도 가능하다. 어떤 사람은 결가부좌를 좋아한다.

이제…… 심호흡을 하고 공기에서 영양분을 뽑아내기 위해 잠시 숨을 참아라. 즐겨라. 그런 다음 내쉬는 호흡과 함께 천천히 불순물이 나가도록 숨을 내쉬어라. 다시 한번 심호흡을 하고 이때 숨을 내쉬면서 몸이 이완되게 하라. 어깨의 긴장을 내려놓고 체중을 의자에 두어라. 뿌리 차크라와 두 발바닥을 통해 부정적인 것들이 흘러 나가게 하라. 이완하라. 다시 한번 반복하고, 잠시 시간을 가져라. 스스로 공기 속의 영양분인 안전한 곳에서 만들어진 에너지를 들이쉬어라. 그런 다음 숨을 내쉴 때 더 이상 필요하지 않은 것을 내려놓으면서 이완의 파도가 지나가게 하라. 이완하라.

> 그것은 당신에게 진정으로 소속감을 느끼게 하는 세상에 관여하게 된다.
>
> 수잔 제퍼스

이제 시간을 거슬러 과거에 집중하라. 당신은 태아 시점으로 돌아간다. 어머니와 아버지의 세포가 결합하는 그 순간, 신체적인 존재가 만들어지는 그 순간으로 돌아가라. 어머니의 자궁 안에서 따뜻하고 안전한 그 시간으로 돌아가라. 태어나 5세까지 당신이 기억하거나 들었던 사건들을 다시 떠올려라. 호흡하고 이완하라. 잠시 시간을 가져라. 이제 필자는 당신이 치유하려는 출생에서부터 5세까지의 삶을 빛과 사랑으로 감싸는 상상을 하기를 바란다. 원하지 않으면 세세하게 기억하지 않아도 된다.

이제 당신의 아이 자기를 아늑하고 안전하게 사랑으로 감싸라……. 부드럽게 안아 주고…… 확실하게 안아 주고…… 사랑과 빛의 치유로 감싸 줘라.

이제 아이 자기를 부드럽지만 안전하게 감싸 주었다. 사랑과 빛으로 가슴속에 안아 주었다. 스스로에게 관대해져라. 잠시 시간을 가져라. 언제라도 당신이 아직 진행할 준비가 되지 않았다고 느끼면, 잠시 멈추어 천천히 숨 쉬고 잠시 그라운딩하면서 초점을 방으로 천천히 가져오라. 오늘 모든 과정을 해야 하는 건 아니다. 준비가 되면 그 과정으로 돌아갈 수 있다.

진행할 준비가 되면…….

임신에서 5세까지의 그 시간, 그 장소, 그 사건, 그 사람들에게 한 줄기 빛을 보내라. 밝고 하얀 빛을 그 사람들, 그 사건, 그 시간, 특히 자신에게 흐르게 하고, 주위로 흐르게 하며, 자신 너머로 흐르게 하고, 자신을 통해 흐르게 하라. 이제 더 이상 과거를 당신에게 가져올 필요가 없다는 것을 인정하라. 당신은 이런 순간으로 들어가 과거의 고통이 당신에게 계속되지 않으면서 삶의 나머지 부분으로 이동할 수 있다. 더 이상 과거의 고통은 필요 없다. 과거의 고통을 영원히 내려놓을 준비를 하라.

이제 숨을 한번 들이쉬면서 정수리를 통해 사랑을 가져오게 하고 그 사랑을 가슴으로 내려오게 하라. 그 빛이 방출되지 않도록 그 시간의 모든 것과 모든 사람을 빛으로 밀봉하라. 숨을 내쉬어라. 그렇게 하면서 그 시간에 대한 모든 부담이 씻겨 나가는 것을 상상하라. 마침내 당신은 모든 부담을 내려놓을 수 있다. 모든 부담을 내보내고, 모든 부담을 흩어지게 하고, 빛으로 목욕을 했다. 당신은 살아남았다. 당신은 자유롭다.

이제 가능하면, 그때 당신에게 상처를 준 그 사람들은 그들 자신의 고통과 그들 자신의 과정으로 살아가고 있다는 것을 이해하라. 그 사람들 자신의 어려움 때문에 저질렀으므로 그 사람들은 용감했다. 가능하면 당신이 그 사람들에게서 벗어나지만, 당신의 잠재력을 키우고 충족하는 것으로부터 당신을 멈출 뭔가를 더 이상 붙잡을 필요가 없도록 빛을 내보내 그 사람들을 용서하라. 호흡하라. 더 이상 분노나 적의, 고통을 옮기지 않으면서 당신 스스로 자유를 느껴라. 호흡하라.

이제 가능하면, 일어난 일은 무엇이든 당신이 알아야 했던 일들, 즉 이번 생에 당신 스스로가 배우도록 조성되었던 일들을 당신에게 가르쳤다는 사실을 이해하라. 당신 과정의 일부였던 그 사람들이 전 삶의 여행에서 필요했다는 것을 이해하라. 할 수 있으면, 이런 가장 높은 영적 관점에서 그 사람들에게 사랑을 보내고, 그 사람들에게 감사를 보내고, 그 사람들에게 죄의식의 부담에서 자유롭게 해 주어라. 호흡하라. 확장하라. 당신 자신에게 과거로부터 평화와 자유를 허용하라.

정화되었다고 느끼고 치유를 즐겨라. 그 자유의 감각이 당신의 모든 존재를 통해 퍼지게 하라. 이제 빛이 정수리로 들어와 내면의 평화를 즐기면서 당신을 통해 부드럽게 퍼지게 하라. 잠시 시간을 가져라……. 즐겨라.

당신의 아이 자기는 원하는 만큼 자주 찾아올 수 있는 가슴에서 안전하다는 것을 알아차려라. 그리고 다시 아이 자기를 돌보기 시작하라. 그리고 준비가 되면 그 방으로 돌아갈 준비를 하라.

몸을 통해 당신의 초점을 천천히 가져오고 가슴으로 돌아가라. 당신의 신체적 현존을 더 많이 알아차려라. 손가락과 발가락을 느껴라. 당신의 초점을 이제 위로, 당신의 눈 너머로 가져가라. 그리고 당신의 주위를 더 많이 알아차려라. 두 팔로 자신의 신체 주위를 감싸 안아 줘라. 준비가 되면 천천히 눈을 떠라.

길 없는 숲에는 즐거움이 있다. 외딴 해변에는 황홀감이 있다.
깊은 바다에 의해, 그리고 그것의 함성 속 음악에 의해 아무도 침입하지 못하는 사회가 있다.
조지 고든 바이런

～～～

물을 한 잔 마시고, 원하는 무엇이든 일기장에 기록하라.
그런 다음 마지막 뿌리 차크라 명상을 하기 전에 잠시 쉬어라.

명상 2

준비 안전한 공간

30분 정도 방해받지 않게 하라.

전화기를 꺼라.

두 발을 마루에 닿게 하고 척추를 똑바로 세우고 앉아라.

눕는 것이 좋다면 그렇게 하라.

∾ ∾ ∾

이제 눈을 감고 잠시 자신의 호흡에 집중하면서 그라운딩하라.

깊이 숨을 들이쉬고, 숨을 내쉬기 전에 폐가 공기 중에서 영양분을 끌어낼 수 있도록 잠시 숨을 멈추어라. 내쉬는 호흡에 모든 긴장이나 불안이 흘러 나가게 하라. 이번에는 심호흡을 하면서 자신이 우주로부터 치유를 받고 있다고 느껴라. 그런 다음 완전히 숨을 내쉬면서 자신의 몸을 이완하고, 두 발바닥과 뿌리 차크라를 통해 모든 부정적인 것이 그냥 흘러 나가게 하라. 이완하라…….

이제 다시 한번 심호흡을 하고, 이번에는 숨을 내쉴 때 긴 한숨을 쉬어 더 많이 이완하면서 숨을 쉬는 동안 모든 불순물이 몸에서 흘러 나가는 것을 시각화하라.

이제 몸의 중심을 통해 당신의 초점을 골반에 이를 때까지 천천히 내려가라. 당신의 골반을 그릇처럼 뿌리 차크라 부위인 회음부에 닿은 바닥을 상상하라. 아름다운 골반 그릇의 바닥에는 짙은 진홍빛의 떠오르는 해처럼 놀라운 붉은빛이 있다. 골반에 있는 이 빛의 에너지와 따뜻함을 느껴라. 당신이 어떤 움직임을 인지할 수 있다면, 그 움직임에 집중하면서 그 색의 모든 변화를 보라. 이 부위에 사랑의 감정을 보내고, 모든 부위가 따뜻해지는 반응을 느껴 보라. 이런 아름다움, 풍요, 붉음, 회전하는 빛 속에 원하는 만큼 오래 집중하라. 어떤 다른 색을 인지한다면, 숨을 쉬면서 그 색이 붉은색으로 변하게 하라. 그리고 색을 전혀 볼 수 없어도 걱정하지 마라. 때로는 시각화는 연습이 필요하다. 볼 수 있을 것이다.

이제 이 붉은빛이 천천히 두 다리로 퍼지게 하면서 대퇴부가 가득 채워지고, 근육과 인대, 신경에 다시 활력을 주고, 모든 세포와 모든 원자가 그 빛으로 가득 채워지게 하라. 그 빛이 두 다리를 통해 계속 퍼지게 하면서 빛의 흐름을 방해하는 모든 긴장과 막힘, 그 어떤 것도 그것에서 밀어내라. 따뜻하고 정화하며 치유하고 균형을 잡아 주면서 이제 다리를 가득 채우는 이런 아름다운 에너지의 흐름을 방해하지 않을 때까지 모든 저항을 그저 내쉬어라.

이제 더 내려가서 그 빛이 두 발, 모든 세포, 모든 원자로 들어가게 하라. 당신의 두 다리와 두 발이 그 빛으로 가득 채워졌다고 느낄 때 그 빛이 발바닥을 통해 대지로 흘러 나가게 하라. 대지는 놀라운 땅 에너지로 당신을 깊이 뿌리내리게 하는 곳이며, 당신을 안전하게 어머니 대지에 견고하게 잡아 준다.

동시에 이번에는 뿌리 차크라에서 바로 뿌리를 내려보내라. 당신이 지금 지지받고 있고 세 부위에 뿌리를 내리도록 대지로 내려보내면서 당신을 안전하고 강하게 잡아 줘라. 따뜻한 안전감, 소속감, 당신이 이 행성, 즉 우주의 일부라는 앎을 느껴라. 당신이 선택한 곳 여기에서 따뜻함과 안전함, 편안한 소속감을 느껴라.

대지와 이런 연결을 나누고, 안전함을 느끼며 대지에 잡혀 있다는 느낌에 원하는 만큼 오래 머물러라. 당신의 뿌리가 활력이 넘치는 대지의 몸 안으로 깊이 내려가는 것을 느껴라. 튼튼한 나무처럼 당신은 뿌리가 깊고 안정되어 있다. 당신은 소속감을 느낀다.

이제 대지가 당신을 양육할 시간이다. 호흡을 통해 그 흐름을 바꾸고, 대지로 깊이 가라앉는 뿌리를 통해 대지의 치유 에너지를 끌어올려라. 이 치유 에너지를 황금빛 에너지, 치유 에너지, 생명 에너지, 모든 것에 항상 있는 좋은 에너지, 이제 당신에게 자유롭게 주어지는 것으로 보라. 이 치유 에너지는 당신을 치유하고, 당신을 강하게 만들고, 당신을 건강하게 한다. 이 치유 에너지가 이제 두 다리를 통해, 대퇴부를 통해, 당신이 앉아 있는 힘의 중심인 뿌리 차크라로 올라가게 하라. 대지의 황금빛 에너지가 이런 아름다운 회전 차크라의 진홍빛 에너지와 섞이고, 대지의 치유 에너지가 자신의 에너지와 섞이는 것을 보라. 신선한 힘이 당신을 정화하기 위해 들어오고 당신을 온전하게 만들면서 자신을 치유한다고 느껴라. 당신이 대지의 강력한 에너지를 환영하고 치유가 일어나도록 허용하면서 차크라의 잎들이 더 많이 열리는 것을 보라. 당신 자신이 행성에 뿌리를 내렸다고 느끼고 어머니 대지에 의해 양육되는 우주 존재의 생명체로 자기 자신의 힘을 느껴라.

에너지가 계속해서 안으로 흐르는 것처럼 행성의 에너지를 즐겨라.

이제 에너지들을 모아라. 호흡하면서 에너지가 지나가는 곳마다 에너지들이 치유하면서 자신의 몸을 통해 천천히 위로 올라가게 하라. 천천히 모든 기관을 통해 올라가 온전함과 소속감으로 당신을 가득 채워라. 이제 당신의 모든 것은 대지의 에너지로 가득 채워지고 더 강해진다. 지금 이 순간 당신 자신이 자신의 몸에서 충분히 현존하고 있음을 느껴라. 즐겨라.

그 에너지가 결국 정수리를 통해 퍼질 때까지 천천히 계속 올라가게 하라. 그리고 에너지가 분수처럼 천천히 당신 주위로 흘러 떨어지면서, 당신의 오라를 통해 희미하게 빛나고, 대지로 다시 떨어진다. 숨을 쉬면서 그 에너지가 흐르게 하여 당신이 지금 살아 있는 빛의 분수 안에 앉아 있는 것처럼, 내부에서 당신에게 활력을 주고 강하게 만들어 주며, 그 빛이 대지로 다시 떨어지면서 당신의 오라에 활력을 주게 하라. 숨을 쉬면서 자신이 이런 살아 있는 분수의 일부라고 느껴라. 당신은 그 빛이 다른 색에서 왔다는 것을 발견할지도 모른다. 그 빛이 발생하면서 그 빛은 황금빛 아니면 분홍빛 아니면 흰빛이 될 수도 있다. 당신이 대지에 뿌리 깊이 남아 당신을 치유하고 정화하면서 그 흐름이 흐르는 대로 당신 자신이 그 빛 속에서 샤워를 할 수 있게 하라.

당신이 원하는 만큼 오래 머물러라. 그 느낌을 즐겨라. 뿌리 내리고 그라운딩한 채 머물러라. 당신의 신체적인 몸 안에 중심을 잡고서 그 느낌이 당신을 통해 지나가면서 에너지의 움직임, 흐름, 무한한 동작을 즐겨라. 호흡할 때마다 계속되는 움직임 속에서 계속되는 우주의 주기 속에서 당신의 일부를 알아차려라. 에너지는 당신 안으로, 당신을 통해 위로, 당신 주위로 폭포처럼 흘러 떨어져 대지로 돌아가 당신을 대지와 결합시킨다. 당신이 지금 이 순간 속해 있는 곳이 당신임을 알라. 지금 이 순간 당신은 당신에게 필요한 모든 것, 그 이상을 갖고 있다. 지금 이 순간 당신은 자신이 속해 있는 대지와 함께 집에 있다.

점점 준비가 되면 그 흐름이 서서히 내려가게 하고, 안전한 느낌과 소속감을 여전히 가지면서 멈추어라. 당신은 여전히 그라운딩되어 있고, 대지와 친밀하게 접촉할 것이다. 반면에, 당신은 이제 그것들의 뿌리를 천천히 철회하기 시작한다. 한 가지 생각과 한 번의 호흡으로 그것의 치유 에너지를 위해 대지에 감사하고, 당신의 뿌리를 서서히 끌어올리면서, 그것들이 전달할 수 있는 마지막 에너지를 그것들과 함께 가져오라. 그 에너지를 당신의 두 다리와 골반으로 끌어올리고, 에너지가 남아 있는 당신의 골반에 진홍빛이 다시 깊이 자리 잡게 하라. 뿌리 차크라와 발바닥 차크라가 잘 그라운딩되도록 열린 채 내버려 두어라.

당신은 이제 자신의 신체적인 몸 안에 충분히 있다. 당신의 의도를 그라운딩한 채 온전하게 남는 확언을 하라.

고요하고 정중하게 이 확언들을 말하라.

나는 사랑받는 우주의 아이이다. 그리고 나는 사랑, 평화, 안전을 누릴 만하다.
나는 우주의 풍요를 받기 위해 자신을 개방한다.
나는 사랑을 주고받기 위해 열려 있다.
나는 대지의 강력한 에너지를 받기 위해 열려 있고 양육을 받고 있다.
나는 신체적 존재이며 나의 신체적 현존의 가치가 있다.
나는 내 몸을 돌보기 위해 대책을 마련하고 그것이 오늘인 것처럼 그것을 받아들인다.
나는 내가 살고 있는 신체적 사원처럼 내 몸에 가치를 두고, 나는 지속적으로 음식, 휴식, 자극과 일반적인 양육이라는 말로 몸의 욕구를 제공하는 것이 목표이다.

당신이 시각화하고 결국 새로운 실재를 창조하는 데 도움을 주기 위해 당신이 바라는 확언을 추가하라.

준비되었다고 느끼면, 당신이 선택하는 어떤 방법이든 감사를 표현하라. 그런 다음 천천히 그 방으로 돌아가라. 신체적인 몸을 알아차려라. 손가락과 발가락을 움직이고 천천히 스트레칭하라. 준비가 되면 확고하게 땅에 닿는 두 발을 느끼고, 눈을 뜨고 충분히 현존하라.

당신이 움직일 준비가 될 때까지 잠시 그대로 머물러라. 약간의 물을 마시거나 스스로에게 따뜻한 물을 주고, 기록하고 싶은 것을 일기장에 적어라.

그렇게 할 준비가 되면 전화기를 켜라.

확언

나는 대지와 연결되고 대지에 의해 양육받고 있다.

나는 안전하고 안정되고, 내가 누구이든 행복하다.

나는 여기 지상에서의 화신을 만족한다.

이제 당신의 확언을 적어 보라.

기록지

제2장

천골 차크라

"일과 사건에 대한 견해를 바꾸면,
모든 현상이 행복의 근원이 될 수 있다."

- 14대 달라이 라마 -

일과 사건에 대한 견해를 바꾸면,

모든 현상이 행복의 근원이 될 수 있다.

– 14대 달라이 라마 –

천골 차크라는 정서, 유연성과 흐름, 내적 균형, 유연함과 양육의 중심이다. 뿌리 차크라의 안정된 기반으로 이제 세상과 관련해 알아보려고 한다.

천골 차크라 작업을 통해 얻는 기대 효과

- 신체적인 몸과 몸의 체액 체계를 포함하여 삶의 모든 영역에서 유연함과 흐름을 더 증가시킴
- 생명력과 창의성이 증가되어 내적 균형 감각이 더 커짐
- 성적 특징 및 민감성과의 접촉
- 모든 관계에서 더 훌륭한 균형과 즐김
- 몸의 긴장과 삶에서의 긴장감 해소 및 몸과 삶의 유연성 증가
- 타성에서 벗어나 독창적인 행동 시도

이제 다음 질문을 살펴보고 당신이 여기에서 해야 하는 작업을 스스로 평가하라.

자기 평가 질문지
1. 당신은 자신의 성적 특성이나 성적 쾌락을 주고받는 데 어려움을 느끼는가?
2. 당신은 부드럽게 만지고 돌보는 게 어려운가?
3. 당신은 감각적인 존재로서 자신을 받아들이고 자신의 이런 면을 즐기지 못하는가?
4. 당신은 다른 사람을 돌보는 것이 어려운가?
5. 당신은 자신의 내면에서, 관계 안에서 조화와 균형을 느끼지 못하는가?
6. 당신은 정력이나 활력이 없는가?
7. 당신은 성적 욕망을 환상으로 돌리는가?
8. 당신은 한 사람과 친밀해지는 것을 피하기 위해 많은 파트너와 성관계를 맺는가?
9. 당신은 신체적으로나 정서적으로 자신의 의견을 유연하고 순조롭게 제시하는 것이 어려운가?
10. 당신은 방광, 신장 등 비뇨기에 문제가 있는가?
11. 당신은 체액이 정체되는가?
12. 당신은 산부인과 문제가 있는가?
13. 당신은 다리가 뻣뻣한가? 우아하게 춤을 추고 움직이는 데 문제가 있는가?
14. 당신은 요통이 있는가?
15. 당신은 5~8세 사이에 좌절이나 트라우마를 경험했는가?

주: 대부분의 문항에 체크한 경우, 천골 차크라에 문제가 있을 가능성이 있다. 이제 그것을 치유할 수 있도록 천골 차크라에 대해 학습하자.

천골 차크라의 기초

- **위치**: 천골 차크라는 몸의 앞 중심선 배꼽에서 약 3인치 아래와 등쪽 요추에 위치한다.

- **색**: 밝은 반투명한 주황빛으로 회전한다.

- **활성화와 발달**: 천골 차크라는 초점이 뿌리 차크라에서 옮겨지는 3~5세에 특징적으로 발달하기 시작한다. 그 후 약 8세까지 남아 있다. 34~38세에, 그 후 64~68세에 다시 중심이 된다.

- **특별한 연결**: 천골 차크라는 목 차크라와 특별히 연결된다. 천골 차크라에서 시작하는 창의성은 목 차크라에 의해 다시 시작되어 자신의 직업으로 세상과 소통하게 된다.

- **관련 감각**: 미각과 관련이 있다. 또한 음식의 맛뿐만 아니라 세상과 세상이 제공하는 것을 경험하기 위해 움직이는 것도 포함된다.

- **관련 림프**: 여성의 난소와 남성의 고환, 모든 림프계와 관련 있다.

- **신경학적 연결**: 엉덩이와 대퇴부, 하지에 공급되는 천골 신경총과 항문 괄약근에 공급되는 작은 신경들과 연결된다.

- **관련 오라**: 두 번째 오라층인 정서의 몸은 파스텔 색의 구름처럼 나타나며, 신체의 몸에서 약 3.5인치 퍼진다.

천골 차크라의 기능

- **유동성, 유연성, 흐름**: 삶의 모든 영역, 즉 신체적 · 정서적, 기분, 태도, 의견 등에서 건강한 천골 차크라는 유연성과 흐름을 보장한다.

- **관계 계발**: 뿌리 차크라의 안전, 자존감, 자신감, 자신과 향상된 관계를 만들면서 이제 세상으로 나아가 타인과 관계를 맺기 시작한다.

- **접촉, 양육, 감각적 즐거움**: 접촉은 가슴 차크라뿐만 아니라 천골 차크라의 지배를 받는다. 여기에서 우리는 양육과 감각을 즐기고, 내가 누군가를 만지고 누군가가 나를 만질 때(주고받음)의 즐거움을 즐기기 시작한다.

- **다정함**: 우리는 타인에게 대접받고 애정을 받고 싶은 바람으로 다정함의 가치를 알기 시작한다. 또한 다정한 정서를 만나기 시작한다.

- **성적 친밀감과 욕구**: 비록 뿌리 차크라에서 성은 생물학적이고 기능적이지만, 생식에 대한 천골 차크라의 초점인 성적 친밀감이 양육되고 상호 즐거움을 주면서 사랑과 욕구를 표현하게 된다. 단지 만족감을 기대하는 것에서 만족감을 주고 싶은 쪽으로 바뀐다.

- **긴밀한 유대와 의무**: 여기에서 긴밀한 유대와 의무는 지속적인 관계로 모인 사람들과 붙어 있는다.

- **내면의 남성성/여성성의 균형**: 관계 안에서, 세상에서 균형을 찾으려고 한다면 우리 자신의 내면의 특성인 남성성과 여성성의 통합과 균형이 반드시 필요하다.

- **쾌락-고통 원리**: 천골 차크라는 우리가 순조롭게 나아갈 때 그 길을 즐거운 마음으로 편하게 하면서, 그리고 길을 잃었을 때 정서적인 고통으로 우리의 주의를 끌면서 삶에서 목표를 향해 가도록 도와주는 조기 경고 체계를 우리에게 제공한다.

- **창조성**: 비록 태양신경총에서 아이디어가 형성되어 목 차크라에서 더 강화되고 미간 차크라에서 분명해지지만 천골 차크라에서 창조성이 자극을 받는다.

- **맛**: 이제 우리는 삶을 맛보기 위해 나아가기 시작하고, 모든 것을 제공해야 한다.

- **신체적 측면**: 비뇨기계, 림프계, 일부 순환기계를 포함한 모든 체액 체계는 천골 차크라의 지배를 받고, 여성 성기와 생리 체계도 지배를 받는다.

일이 잘못되는 경우

천골 차크라 부위를 포함한 그것의 발달 시기에 트라우마를 겪었거나 나중에 상처를 입은 경우, 성인기에 다음 중 몇 가지 어려움을 경험할 가능성이 있다.

- **경직과 유연하지 못함**: 삶의 모든 영역, 즉 신체적 · 정서적 · 지성적 · 영적 영역에서 드러난다. 또한 타인과의 관계에서 사고, 행동, 의견의 패턴에 빠진다. 천골 차크라와 태양신경총 차크라를 함께 작업하는 것이 문제 해결에 도움이 될 수 있다.

- **양육의 실패**: 이것은 자신과 타인을 돌보지 못하는 것으로 드러나며, 종종 자기 무시 및 타인에 대한 무시로 드러난다. 물론 이것은 폭력이 될 수 있고, 특히 자녀를 양육하는 데 있어서 학대가 될 수 있다.

- **균형 부족**: 천골 차크라의 불균형은 삶의 거의 모든 영역에서 불균형을 초래한다. 우리는 끊임없이 변화하는 타인의 내적 균형을 조화롭게 흐르도록 하는 것이 매우 어렵기 때문에 내면의 남성성과 여성성 원리의 불균형은 관계에 특히 영향을 준다.

- **욕구 부족**: 욕구와 즐거움(성적 즐거움 포함)을 느끼지 못하고 성적 친밀감에 대한 관심 부족은 우리의 삶을 망쳐 놓는다. 하지만 트라우마의 특성에 따라 성적 관심이 증가될 수도 있다. 뿌리 차크라의 손상에 의한 것이라면 자연적인 결과로서 자기혐오, 좌절, 낮은 자존감과 함께 성적 중독에 빠질 수도 있다.

- **성적 만족감 부족**: 여성의 성 불감증, 성 혐오, 리비도 부족 그리고 남성의 발기 부전은 감각적 쾌락의 전반적인 감소와 더불어 일어날 수 있다.

- **창조성 차단**: 여기에서 창조성이 일깨워지기보다 아이디어와 창의적인 표현이 부족할 수 있다.

- **맛을 느끼지 못함**: 음식을 즐기지 못하는 것뿐만 아니라 생명이 제공할 수 있는 다른 즐거움도 즐기지 못한다.

- **쾌락-고통의 원리 듣기 실패**: 우리의 삶이 궤도를 벗어나는 신호를 놓치거나 무시하고, 우리가 삶에서 기다리는 즐거움을 우리에게 되돌리는 데 필요한 변화를 주지 못한다.

- **관심 끌기**: 건강한 방식으로 관심을 요청하기보다 징징거릴 수도 있고, 수동 공격적으로 될 수도 있고, 원하는 것을 얻으려는 욕구를 조작하거나 행동으로 옮길 수도 있다.

- **신체 증상**: 비뇨기계의 울혈은 당신의 상수도가 막혀 체액 정체, 방광염 재발, 감염, 신장 결석, 신장염, 그 밖의 다른 문제를 일으킬 수 있다. 림프관의 막힘은 부종을 초래할 수 있고, 발목과 다리에 반점이 생길 수 있다. 말초순환장애는 그 양상이 복잡할 수 있으며, 월경전 증후군(PMS)을 포함한 생리 문제가 많다. 관절 및 근육의 경직과 함께 신체의 유연성 부족, 특히 허리, 엉덩이, 다리의 우아한 동작을 못할 수도 있다. 허리 통증은 흔한 문제이다.

천골 차크라를 위한 오일과 젬스톤

- 로즈메리와 호박 오일은 특히 천골 차크라에 유용하다.
- 카닐리언, 골든 토파즈, 호안석은 도움이 되는 젬스톤이다.
- 홍옥으로 알려진 카닐리언은 정서와 기분을 좋게 하는 데 탁월한 효과가 있고, 두려움을 해소하고, 용기를 주며, 마음을 진정시키고, 불안정을 감소시키고, 일이 힘들 때도 즐겁게 균형을 이루도록 도움을 준다.
- 골든 토파즈는 정서를 조절하고 기분을 조절하는 데 도움을 주어 이해를 강화하고 영적으로 성장하는 데 도움을 준다. 또한 창의성에 탁월한 효과를 가지는데(특히 예술가나 음악가에게 좋다), 우리를 성장하게 하고 새로운 개념을 이해하는 데 도움을 주어 정서적으로나 영적으로 성취를 끌어낸다.
- 황금빛 호안석은 우리 안에 있는 남성적 에너지와 여성적 에너지, 즉 음양의 균형을 이루는 능력이 있고, 스트레스 상황에서 우리를 부드럽게 지지해 준다(호안석은 모든 소화기계에 긍정적인 영향을 주기 때문에 태양신경총 차크라에도 좋다).
- 말라카이트는 과거의 성적 학대 때문에 성적 친밀감에 어려움이 있는 경우에 도움이 될 것이다. 젬스톤 하나를 항상 갖고 다니는 게 어떨까?

자기 탐색

당신은 천골 차크라의 기본적인 발달을 기억하지 못할 수도 있다. 하지만 기억한다면, 또는 그 당시의 이야기를 들었다면, 반드시 치유되어야 하는 것에 빛을 가져올 기회가 여기 있다. 물론 당신의 기억이 놀라울 수도 있지만, 그렇다면 그것들도 기록하라.

첫 번째 시기

심호흡을 하라. 몇 번 더 심호흡을 하고 삶의 이 시기에 집중하면서 떠오른 것을 기록하라. 아직 떠오르지 않더라도 걱정하지 마라.

4~8세에 기억나는 것은?

> 신부는 동이 트는 가슴에서 나오고 신랑은 일몰에서 나온다.
> 계곡에 결혼식이 있다. 녹음하기에는 너무 긴 하루.
>
> 칼릴 지브란

> 내면의 남자여,
> 그대 내면의 여자
> 를 보는 것을 배워
> 라. 그 사람은 천
> 가지 특성에서 얻
> 는다. 단지 얻었을
> 뿐 아직 사랑하는
> 형태는 아니다.
> ──────────
> 라이너 마리아 릴케

이 시기에 대해 들었던 것은?

이 시기에 중요했던 사람은? (가족, 스승, 친구, 당신을 사랑했던 사람, 당신에게 상처
를 준 사람 등을 적어라.)

그 당시 그 사람에 대한 나의 감정은?

두 번째 시기

34~38세에 내 삶에서 일어난 일은?

내 삶에서 중요했던 사람은?

그 당시 그 사람에 대한 나의 감정은?

세 번째 시기

64~68세에 내 삶에서 일어난 일은?

내 삶에서 중요했던 사람은?

그 당시 그 사람에 대한 나의 감정은?

이 모든 것이 나에게 준 것은

당신의 삶에서 얻은 긍정적인 영향을 여기에 적어라(예: 나는 살던 곳을 이사했다. 나는 직장을 옮겨야 했다. 나는 나 자신을 치유하기 시작했다. 나는 너무 아파서 도움을 받아야 했다) 지금 긍정적인 영향을 알 수 없다면, 이 부분은 넘어가라. 그것들이 떠오르면 그때 다시 돌아오라. 마치고 나면, 용서하고 치유하며 내면의 평화를 끌어오는 자신의 능력을 상당히 증가시키는 두 가지 명상을 다시 하라.

> 지식보다 더 중요한 것은 창의성이다.
> **알베르트 아인슈타인**

이제 당신은 천골 차크라의 자연적인 성장 시기에 자신의 삶에서 일어난 사건을 초래한 몇 가지 문제를 발견했다. 그것을 치유해 보자. 자신을 돌보는 것은 건강하고 만족스러운 삶을 위해 필수적인 기초이다. 또한 타인을 돌보는 최선의 방법을 배우는 데도 도움이 된다. 이것을 하는 데 도움이 되는 몇 가지 연습과 명상, 확언이 있다.

연습

다음의 각 연습들은 정서적으로나 신체적으로 과거의 고통을 극복하고, 나아가 균형 잡히고 조화로운 미래로 나아가는 데 도움을 줄 것이다.

연습 1

준비 따뜻한 물/음악/따뜻한 타올/마사지 오일이나 바디 로션

최소한 1시간 동안 방해받지 않게 하라.

욕실을 신성한 장소로 준비하라.

잠자리에 들기 전 저녁에 이 연습을 하는 것이 좋다.

천골 차크라의 상태가 좋지 않으면, 기분이나 근육에 이르는 모든 것이 조이는 듯 경직되는 느낌이 들어 우리를 긴장하게 하고 불안정하며 방어적이고 적절하게 이완할 수 없게 만든다. 얼마나 힘든가! 신성한 장소인 욕실에 양초, 향이나 오일, 잔잔한 음악을 준비하라. 따뜻한 타올 몇 장을 미리 준비하라. 욕조에 따뜻한 물을 준비하고, 오일을 떨어뜨리거나 꽃을 띄우고 아니면 크리스털 1개를 손에 들고 따뜻한 물속에 들어가라. 천골 차크라는 목 차크라와 특별한 관계가 있음을 기억하라. 그리고 이완하는 동안 확언이나 만트라를 말하거나 부드러운 목소리로 챈팅하라. 그저 스스로를 이완하고 흐르게 하라. 신체적으로, 정서적으로, 영적으로 물과 혼합하면서 필요 없는 모든 것을 내려놓아라. 당신을 방해했거나 상처를 준 모든 것이 물로 씻겨져 흘러 나간다고 상상하며, 당신이 정화되고 치유가 일어나도록 허용하라. 다음 확언들이 도움이 될 것이다. 하지만 자신의 확언을 만들어서 사용하라.

나는 우주의 자연스러운 조화로 흐르고, 나 스스로 그것이 제공해야 하는 모든 좋은 것을 받아들이도록 허용한다.

모든 것은 신성한 질서를 따르며, 일어나는 무엇이든 내가 필요한 것이 될 것이다.

우주의 자연스러운 흐름과 움직임은 나 자신 안에서 그리고 전 인류에게 조화와 균형을 전달한다.

나는 나의 성을 개방하고, 나의 몸이 만들어 내는 감각적인 즐거움을 즐길 수 있다.

부드럽게 씻어 주고, 뼈를 두드리면서 오래도록 자신의 몸을 마사지하고, 관절을 부드럽게 움직여 주면서 당신의 아름다움과 유연성, 건강을 확인하라. 그런 다음 물속에서 다시 한번 휴식을 취하라. 원하는 만큼 오래 머물러라. 하지만 욕조 안에서 잠들지 않도록 주의하라. 고급 로션을 자신의 몸에 정성껏 발라 주고, 따뜻한 타올이나 편안한 가운으로 감싸고, 조명을 은은하게 하고 촛불을 켠 채 잠시 휴식을 취하라. 당신의 몸과 정서의 친밀한 연결을 알아차려라. 당신 스스로 잔잔한 음악으로 빠져들게 하라. 그리고 원하면 잠시 눈을 붙이거나 침대에서 쉬어라(촛불을 끄는 것을 기억하라).

연습 2

준비 이 책/펜

30분 정도 방해받지 않게 하라.

좋은 친구인 것처럼 당신이 그 친구를 얼마나 잘 돌보았는지, 당신이 어떤 특성을 좋아하는지, 가장 존경하는 것이 무엇인지를 그 친구에게 이야기하면서 자신에게 편지를 써라. 당신이 그 친구를 얼마나 자랑스러워하는지를 그 친구에게 말하고, 긍정적인 것과 칭찬하고 싶은 것, 좋아하는 것이 무엇인지를 말하라. 그리고 그 친구와 잠시 시간을 가져라. 당신과 정말 특별한 뭔가를 하도록 적어도 한 번의 기회를 그 친구에게 주고, 그 친구가 만족한다고 생각하도록 그 친구에게 확실한 약속을 하라. 편지에 서명을 하라.

당신의 절친에게 편지를 써라(편지를 쓸 공간이 부족하다면, 나중에 자신의 노트에 옮길 수 있도록 다른 종이를 사용하라).

_____ 에게

_____

_____

_____

_____

_____

_____

_____

_____

_____

_____

_____

_____

_____

_____

연습 3

준비 이 책/펜
20분 정도 방해받지 않게 하라.

우리의 욕구가 무엇인지 직감적으로 알더라도 천골 차크라가 차단되면 우리가 원하는 것을 정확하게 알아차리는 것을 어렵게 만든다. 예를 들어, 내가 음식을 원한다고 생각할 수도 있다. 하지만 이것을 살펴보기 위해 멈추면 나는 전혀 배가 고프지 않다. 분명히 나는 뭔가 욕구가 있다. 어쩌면 실제로는 따분하거나 화가 났거나 통증이 있다. 음식을 먹는 것보다 나를 위한 더 적절한 행위들이 있다. 어쩌면 명상을 하거나 잠시 걷거나, 나의 화를 이야기하거나, 누군가에게 나를 안아 달라고 요청해야 한다. 하지만 과거의 조건 때문에(예를 들어, 내가 어릴 때 화가 났거나 슬펐을 때 나를 달래기 위해 사탕이나 아이스크림을 받았을지도 모른다.) 나는 지금 약간 중요한 인지 단계를 놓치고, 불만의 원인을 살피기보다 바로 음식을 찾는다. 당신이 뭔가 필요하다고 느끼는 경우 당신이 해야 하는 것을 알아차리는 것이 가장 중요하다. 그것이 초코바가 아닐지라도! 그런 위기의 순간에 도움을 주기 위해 가능한 한 즐겁게 전환할 수 있는 목록을 써라. 예를 들어, 산책하기, 수영하기, 아름다운 음악 듣기, 친구와 통화하기 등이 있다. 그다음 당신이 뭔가 필요하면 목록에서 뭔가를 선택하라. 당신의 천골 차크라를 풀고 자신을 알기 위한 약간의 시간을 갖는 것이 당신에게 도움이 될 것이다.

돌봄 행위 목록

연습 4

이 연습은 두 부분으로 나누어져 있어서 당신의 삶 전반에 걸쳐 균형을 찾는 데 도움이 될 것이다.

● 1부-삶의 균형

준비 이 책/펜/컬러 펜/연필

먼저 어린 시절의 균형을 위해 일어났던 일을 찾아보라.

당신의 삶에서 몇 가지, 예를 들어 신체적 자기(P), 정서적 자기(E), 지성적 자기 (I), 영적 자기(Sp), 사회적 자기(S), 관계(R)를 상상해 보자. 그리고 어릴 때 일어났 던 일을 도형(i)에 그려 보라. 가능하면, 성장하면서 이런 모든 부분은 균등하게 발 달한다[도형(ii)를 보라]. 불행하게도 대부분은 도형(iii)에 가깝게 보이는 자신을 발견 한다. 이 연습을 하는 동안 당신은 가정생활, 취미, 직장, 봉사 등 자신의 다른 측면 을 살펴보기를 바랄지도 모른다. 이제 연습해 보라.

1. 삶의 균형을 이루기 위해 해야 하는 것은 무엇인가?

2. 어떤 영역을 무시하고 있었는가?

3. 변화를 주기 위해 주의와 실질적인 시간이 필요한 영역을 목표로 세워라(한번에 모든 것을 하려는 기대를 하지 마라).

4. 6개월 안에 이 페이지로 돌아와 기록하고, 다시 자신을 그려 보라.

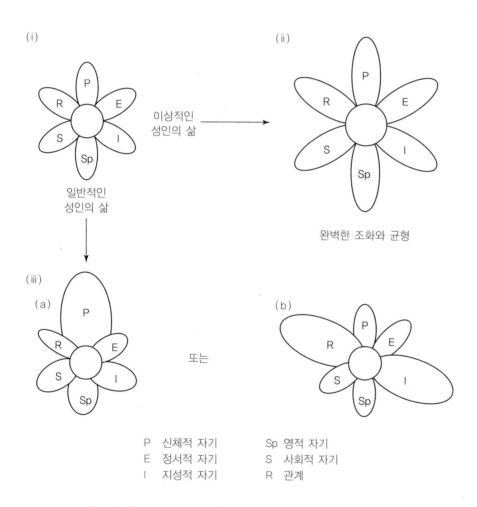

P	신체적 자기	Sp	영적 자기
E	정서적 자기	S	사회적 자기
I	지성적 자기	R	관계

우리 삶의 여러 영역에서 충족되지 않은 느낌을 남기는 불균형 발달(예: 그림 (a)는 관계, 영성, 정서의 어려움을 보여 준다. 반면, 그림 (b)는 거대한 지성의 발달로 거의 인정받지 못하는 신체적 자기, 정서적 자기를 보여 준다. 이는 감정이 없는 관계가 많다는 것을 나타낸다. 불균형은 모든 영역에서 있을 수 있다.)

● 2부−내면의 남성성/여성성의 균형

다음 목록의 남성성과 여성성의 특성을 살펴보고, 당신이 풍부하게 가지고 있다고 느끼는 것들에 표시하라. 실제로 우리는 각 항목에 대해 성격적 균형을 갖고 있다.

긍정적인 남성적 원리		긍정적인 여성적 원리	
관련 특성들		관련 특성들	
행동		창의력	
논리		예술	
조직		음악	
추동		언어능력	
야망		양육	
수학과 수리		공간지각	
목록과 배열		상상력	
모니터링 능력		질감과 색	
분석		심상화와 시각화	
조합		큰 그림을 보는 능력	
시간		다중 작업 능력	
일반적인 행위와 관련		일반적인 양육과 관련	
좌뇌에 의해 지배		우뇌에 의해 지배	

대부분의 건강한 남성의 남성적 원리는 중요한 역할을 하고 균형 잡혀 있으며 여성적 원리에 의해 더 지지받게 된다.

사실 대부분의 건강한 여성에서는 정반대이다.

관계(이성애든 동성애든)에서 이상적으로는 각 파트너 안에서, 그리고 관계에서도 마찬가지로 균형 잡혀 있다.

　남성성/여성성 원리는 각 개인 안에 균형을 이루고 있으므로 관계에서도 균형을 이룬다. 전체는 조화와 균형을 이루며, 각 파트너는 그들 자신 안에 그리고 관계 안에서 흐를 수 있다.

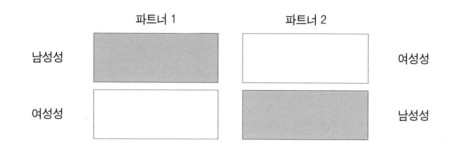

　하지만 각 파트너 안에 남성적 원리가 과잉발달되어 있다면, 관계는 다음 그림처럼 보일 것이다. 이 관계에서는 남성적 특성이 지나치다. 그것은 공격성, 힘 문제, 지성화를 시험당하게 될 것이며, 두 부분에 대한 양육이 부족할 것이다.

<table>
<tr><td></td><td>파트너 1</td><td>파트너 2</td><td></td></tr>
<tr><td>남성성</td><td></td><td></td><td>남성성</td></tr>
<tr><td>여성성</td><td></td><td></td><td>여성성</td></tr>
</table>

　하지만 다음 그림이 그 상황을 나타낸다면, 관계에서는 방향, 추동, 힘이 거의 없지만 일반적으로 두 부분 모두에서 양육이 많을 것이다.

<table>
<tr><td></td><td>파트너 1</td><td>파트너 2</td><td></td></tr>
<tr><td>여성성</td><td></td><td></td><td>여성성</td></tr>
<tr><td>남성성</td><td></td><td></td><td>남성성</td></tr>
</table>

당신이 관계를 맺고 있거나 과거의 관계를 왜 실패했는지 궁금하다면, 자신과 파트너의 남성적/여성적 균형을 여기에 그려 보라. 당신이 관계를 맺은 적이 전혀 없다면, 자신만 그려 보라. 당신 내면의 균형을 더 많이 자각하는 데 도움을 주기 위해 남성적/여성적 특성을 적은 목록으로 돌아가 표시하라. 원하면 더 많은 관계를 작업하도록 여분의 종이를 사용하라.

나	파트너

왜곡되거나 과잉발달된 것을 도와주고 지휘하는 데 필요한 어떤 원리든 양육을 위해 자신 안에서 해야 하는 것은 무엇인가? 예를 들어, 남성적 원리는 공격성을 낮추기 위해 자기주장 과정을 밟아야 할지도 모른다.

여성적 원리는 경계를 세우는 방법을 배워야 할지도 모른다.

남성적 원리는 접촉하고 양육하는 방법을 배워야 할지도 모른다.

여성적 원리는 더 체계화시켜야 할지도 모른다.

내가 해야 하는 것은? (당신이 할 수 있는 유일한 변화는 당신 내부의 변화들이다. 그것을 적어 보라. 당신의 파트너는 그 사람 자신의 성장을 지휘해야 한다. 격려해 줘라. 하지만 당신이 변화되면 관계의 에너지가 변화하므로 당신의 파트너 역시 바뀔 것이다.)

당신은 필자의 책, 『Unlocking the Heart Chakra』(Ulysses Press, 2001)에서 이런 관계의 측면에 대해 더 읽을 수 있다.

명상

명상 1

준비 신성한 장소

1시간 정도 방해받지 않게 하라.

똑바로 앉을 수 있다면 그렇게 하라. 하지만 상당히 긴 시간 편안하게 명상할 수 있는 자세를 선택하는 것이 중요하다.

～～～

이제 당신의 호흡에 집중하면서 시작하라. 숨을 들이쉬면서 정수리를 통해 아름다운 흰빛이 들어온다고 상상하면서 숨을 들이쉬어라. 몸의 모든 세포, 모든 원자를 통해 정화하고 힐링하고 균형을 이루며 몸, 마음, 영혼의 조화를 가져오면서 빛을 내리쪼여라. 다시 한번 심호흡을 하라. 심호흡하면서 더 이완하고 지금 이 순간 필요 없는 것은 바로 뿌리 차크라와 두 발바닥을 통해 흘러 나가게 하라.

곧이어 당신은 4~8세에 입은 어떤 상처든 치유되기 시작한다. 지금 그 상처들이 당신에게 상처를 줄 필요는 없지만(당신은 살아남았고 모든 것은 과거의 일이다.) 스스로 그것들을 마음으로 가져오라. 지금 필요한 것은 당신이 그 상처들을 치유하는 것이고 자신의 삶을 충만하게 사는 데 방해하지 않도록 그 상처들을 내려놓아라. 다시 한번 심호흡을 하고 내쉬는 호흡에 그것들을 내보내라.

천천히, 천천히, 그 사건, 그 시간, 그 사람들, 그 장소를 함께 모으고 빛을 그것들에게 불어넣어라. 그렇게 하면서 당신이 치유하려는 그것들을 한 줄기 빛 속에 함께 모아라. 아이 자기를 안고서 사랑과 연민으로 감싸고, 아이 자기를 친절하게 끌어안고, 아이 자기가 보호받고 있음을 알아라.

이제 준비가 되면 일념으로 치유와 용서를 그 시간으로, 그 사건으로, 가능하면 그 당시의 사람들에게도 보내라. 그것이 치유되고 당신이 자유로워질 수 있도록 모든 것 주위로 밝은 빛을 비춰라. 치유의 빛과 사랑이 당신의 아이 자기에게 흐르게 하고, 아이 자기를 가슴에 새겨라.

할 수 있으면, 할 수 있을 때만, 용서 과정인 두 번째 단계로 이동하라. 영적 관점으로 이동해 그 사람들 자신의 상처 때문에, 그 사람들 자신의 고통 때문에 그리고 그 사람들이 그들 자신의 길에 있었기 때문에 그 사람들이 저질렀던 일들을 지켜보면서, 그 사람들과 그 당시 일어난 모든 것을 찾아보라. 할 수 있으면 그 사람들을 자비와 이해로 보라. 할 수 있으면 그 사람들을 용서하고, 그렇게 함으로써 이번 한 번만은 모두를 위해 자신을 자유롭게 하라. 그것을 내려놓아라. 당신은 자유로워질 수 있다……. 용서하라.

잠시 시간을 가져라.

이제 할 수 있으면 더 높은 단계로 이동하라.

이런 영적 관점에서 어쩌면 그 당시 일어났던 그 사건은 당신이 더 온전해지기 위해 알아야만 했던 것을 당신에게 가르치고 있었음을 알 수 있다. 당신이 배운 것은 당신의 삶의 길에 반드시 필요하고, 어쩌면 당신의 삶의 과정에 있었던 사람들을 당신에게 필요한 경험을 당신에게 주려고 한 사람들로 이해할 수 있다. 당신이 그 사람들을 스승으로 볼 수 있다면, 어쩌면 당신은 이제 그 사람들을 사랑과 이해로, 심지어 감사의 마음으로 바라볼 수 있다. 그래서 할 수 있으면, 그 사람들에게 감사하고, 그 사람들을 자유롭게 해 주어라. 당신이 필요한 시간을 가지면서 호흡하라.

최고의 장소로 감사를 보내고, 당신의 아이 자기를 다시 알아차리게 되고, 아이 자기가 새로운 평화와 평정감을 갖게 되었다고 적어라.

다시 한번 당신의 전체 존재에 아이 자기를 통합하고 당신의 새로운 마음에 부드러움을 느끼며, 당신은 당신의 아이 자기를 소중히 하고, 돌보고, 사랑하고, 절대 버리지 않겠다고 약속하라. 돌아갈 준비가 되었다고 느낄 때까지 원하는 만큼 시간을 가져라.

이제 다시 한번 심호흡을 하고, 잘 그라운딩되었는지 확인하라. 그런 다음 당신의 의식을 감은 눈 너머의 한 지점에 집중하라. 심호흡을 하고, 자신의 신체적 현존을 충분히 자각하라. 손가락과 발가락을 느끼며, 충분히 자각하고 준비가 되면 천천히 눈을 떠라.

∾ ∾ ∾

물을 한 잔 마시고, 원하는 무엇이든 일기장이나 여기에 적어라.

필요한 사랑을 우리가 자신에게 줄 때…… 타인과 함께하는 시간은 즐겁고 우아하며 재미있고 접촉하려는 경향이 있다—완벽한 매 순간마다.

무명

명상 2

동일한 기법을 사용해 자신 안에 편안하고 이완된 장소를 만들어라. 이 순간 필요 없는 것들은 내려놓고 이완하라.

〰〰〰

이제 당신의 초점을 몸 중심을 통해, 즉 자신의 가슴 차크라, 태양신경총 차크라, 천골 차크라를 통해 집중하며 내려가라. 아름다운 주황빛을 그곳에 시각화하라. 그리고 그것의 아름다움, 즉 빛남, 소용돌이치는 빛, 가득한 놀라움, 빛나는 에너지에 대해 생각해 보라. 소용돌이치는 주황빛을 지켜보라. 빛의 움직임을 느껴 보라.

이제 당신이 천골 차크라로, 주황빛으로 천천히 들어가게 하라. 그것의 찬란한 빛, 따뜻함, 에너지를 느껴라. 자신이 탐색할 수 있는 상태로 빛을 통해 기쁜 마음으로 천천히 움직이게 하라. 자신을 친절하게 격려하라. 그럼 당신이 빛을 통해 빠져나가고 아름답고 깨끗한 물로 변하는 것을 발견할 것이다. 당신 주위로 천천히 흐르는 물을 느껴라. 당신은 꽤 쉽게 호흡할 수 있다. 모든 것이 천천히 흐르고 있다. 당신의 피부에 닿는 부드러운 물을 느껴라. 물이 당신 주위로 흐르면서 자신의 몸을 부드럽게 마사지하는 것을 느껴라. 천천히, 천천히 흐르고 있다. 당신이 따라가게 하라. 노력하지 않고 물속에서 움직이는 느낌을 즐겨라.

원하는 어디로든 움직여라. 당신의 몸이 가볍고 유연함을 느껴라. 당신의 몸이 물처럼 움직이며 흐르고, 천천히 흐르며, 공급하고, 유연하고 부드럽게 흐른다.

원하는 만큼 탐색하라. 이런 아름답고 고요한 장소는 당신의 것이다. 그곳의 평화와 그곳의 고요를 느껴라. 그럼 잠시 시간을 가져라. 그리고 준비가 되면 당신의 오른쪽을 보라. 당신은 아름답고 강력하지만 부드러운 존재인 물을 통해 당신에게 접근하는 것을 기꺼이 보게 될 것이다. 당신은 물의 힘을, 웅장함을, 당신을 위한 물의 강하고 놀라운 사랑을 인식한다. 물이 당신을 향해 움직이는 것을 바라보라. 물에 대한 사랑하고 환영하는 생각을 내보내라. 물의 자극적인 에너지를 느껴 보라. 이것은 당신의 남성적 원리이다. 물을 즐겨라. 물을 만져라. 물을 환영하라. 물과 친구가 돼라. 물의 존재를, 물의 자비심을, 물의 아름다움을, 물의 보호를 느껴라. 물의 놀라운 힘을 느껴라. 즐겨라. 그리고 물에게 사랑의 메시지를 보내라. 물이 당신 곁에서 쉬게 하라.

이제 당신의 왼쪽을 보라. 당신은 자신에게 접근하는 다른 존재를 볼 것이다. 부드럽고 친절하며 아름답고 사랑스럽지만, 물의 약점 안에 힘과 지혜가 있다. 당신은 물의 빛과, 물의 부드럽지만 웅장한 힘을 느낀다. 당신은 물이 가진 사랑의 열정을, 물의 신비로운 아름다움을 느낀다. 당신을 위한 물의 깊고 열정적인 사랑을 느껴라. 물을 관찰하고 물을 응시하라. 물에게 따뜻하고 사랑스러우며 환영하는 생각을 보내라. 이것은 당신의 여성적인 원리이기 때문이다. 물의 부드러움, 물의 양육, 물의 평온을 즐겨라. 물을 환영하라. 물을 만져라. 물과 친해져라. 물의 우아한 움직임을 지켜보라. 그리고 당신이 물에게 사랑스런 메시지를 보내면서 그것이 당신 곁에서 쉬게 하라.

이제 당신이 지켜본 것처럼, 두 가지 원리는 함께 움직이면서 놀랍고 우아하게 회전하는 춤으로 들어간다. 두 가지 원리는 함께 움직이면서 주위와 서로에게 흐르고, 회전하며 섞이고 따로 움직인 다음 서로 재결합을 하고 온전하고 완벽하게 하나가 된다. 두 가지 원리가 움직이는 대로 그것들을 지켜보라. 서로에 대한 두 가지 원리의 사랑을, 당신을 위한 두 가지 원리의 사랑을 느껴라. 사랑과 기쁨으로 가득 찬 당신 자신과 모든 대기를 느껴라. 두 가지 원리의 생명력을, 두 가지 원리의 창조성을, 두 가지 원리의 조화를, 두 가지 원리의 균형을 느껴 보라. 이번에는 두 가지 원리가 당신에게 손짓을 하고 있다. 오라. 당신은 두 가지 원리에 끌려가고 있다. 그것들과 어울리고 섞여라. 당신은 두 가지 원리와 함께 하도록 그것들의 춤에 초대받았다. 당신은 지금 두 가지 원리와 하나가 된다. 당신의 아름다움과 당신 자신의 웅장함을 느껴라. 당신의 힘과 당신의 온전함을 느껴라. 즐겨라.

당신 안에 흐르는 액체를 모두 느껴라. 당신 주위뿐만 아니라 내면에서 부드럽고 지속적으로 흐르게 두라. 당신의 순환계는 자유롭게 잘 흐르고 있다. 물이 당신의 조직 안에서 쉽게 흐르면서 당신을 치유하고, 관계를 치유하고, 당신의 삶을 치유한다.

깊이 정화하고 치유하며 균형을 맞춘다. 당신 몸의 흐르는 움직임을 느껴라. 당신의 유연성과 당신이 함께 움직이는 자유를 느껴라. 양육받고 있음을 느껴라. 당신 자신을 받아들여라. 당신 자신이 인간 존재이고, 양육받는 존재이며, 자유로운 존재의 즐거움을 허용하라.

이제 당신의 놀라운 온전함 속에서 조화와 균형을 이룬 당신의 남성성과 여성성으로, 자유와 평온한 상태로 당신 자신에게 돌아갈 준비를 하라. 잠시 시간을 가져라. 당신이 경험한 모든 것을 통합하면서 천천히 빛을 향해, 오렌지 빛을 향해 돌아가라. 그것을 향해 천천히 나아간 다음 그것으로 들어가라. 흐르는 광채를 통해 부드럽게 흐르면서 당신은 자신이 천골 차크라를 통해 한 번 더 나아가는 것을 발견할 것이다. 천천히, 부드럽게 이완하라. 그리고 그 순간을 음미하라. 잠시 시간을 가져라.

즐거운 마음으로 숨을 쉬고, 준비가 되면 당신의 초점을 신체적 현존으로 천천히 되돌려라. 천천히 방으로 돌아와 지금 이 순간으로 돌아오라. 당신의 초점을 감은 눈 너머의 한 지점으로 가져가라. 당신의 신체적 현존을 충분히 자각하면, 다시 한번 심호흡을 하라. 손가락과 발가락을 느끼고 대지와의 깊은 연결을 느껴라. 준비가 되면 천천히, 천천히 눈을 떠라. 충분히 현재에 머물고 그라운딩하라. 당신이 어디에 있든 지금 이 순간에 머물러라. 다시 한번 심호흡을 하고 준비가 되면 몸을 움직여라.

물을 한 잔 마시고, 원하는 무엇이든 일기장이나 여기에 적어라.

고통에서 벗어난 사람들은 다시 고통에 빠져들고, 뱀을 피해 도망친 사람들은 드래곤만 만난다.

루미

확언

나의 삶은 조화와 균형을 이루고 있다. 그리고 나는 자연과, 우주와 흐르고 있다.

나의 삶은 나의 아름다움과 양육을 타인과 공유하면서 조화로운 춤이 된다.

나는 나의 감각과 성을 즐기고, 내가 누군가가 되는 것이 자유롭다.

이제 당신의 확언을 적어라.

인생을 다시 산다면 다음번에는 더 많은 실수를 저지를 것이다.

나딘 스테어

기록지

제3장

태양신경총 차크라

"나는 내 존재의 최고의 잠재력을
자연스럽게 펼치는 헌신을 통해
내 안에 있는 힘에 내 삶을 바친다."

- 무명 -

나는 내 존재의 최고의 잠재력을 자연스럽게 펼치는 헌신을 통해
내 안에 있는 힘에 내 삶을 바친다.

- 무명 -

뿌리 차크라의 안전과 천골 차크라의 유연성을 바탕으로, 우리는 이제 힘, 의지, 잠재력, 동기 및 추진력의 차크라인 태양신경총 차크라에 이르렀다. 이 차크라 또한 견해를 형성하는 지성적 자기 차크라이다.

태양신경총 차크라 작업을 통해 얻는 기대 효과

- 그럼에도 불구하고 유연하게 잘 구성된 견해
- 자신의 의지를 이용해 움직이는 능력
- 내면의 힘과 자유 발견
- 삶의 사건과 환경이 어려운데도 계속 나아가려는 끈기
- 무한한 가능성(일하고, 변화를 추구하고, 자신이 원하는 것을 이루려 하고, 자신의 야망을 실현하며, 행복을 추구하고, 자신이 가고자 하는 곳에서 자신의 삶을 주도하는 등)
- 평화와 만족을 향해 나아가면서 자신과 자신의 삶을 변형시킴

이제 다음 질문을 살펴보고 당신이 여기에서 해야 하는 작업을 스스로 평가하라.

자기 평가 질문지
1. 당신은 불같은, 불안정한 성격을 갖고 있는가?
2. 당신은 작아지고 하찮게 여기든 공격적이고 반항적이든 권위자와의 관계가 어려운가?
3. 당신은 때때로 (술을 마신 후에) 화나 분노가 폭발하는가? 그 후에는 접근하기가 어려운가?
4. 8~12세에 좌절이나 트라우마를 경험했는가?
5. 당신은 가끔 힘이 없다고 느끼는가? 아니면 가끔 자신을 위협할 정도로 매우 강력하다고 느끼는가?
6. 당신이 아무리 열심히 해도 잠재력을 실현하기가 힘들었는가?
7. 당신은 의지가 약하든(자신보다 다른 사람의 욕구나 의견을 따르는) 강하든(결과에 상관없이 자신의 길을 가는) 의지와 관련된 문제가 있는가?
8. 당신은 가끔 타인의 자비에 대해 희생자처럼 느끼는가?
9. 당신은 좌절하거나 상처를 받았을 때 복수할 음모를 꾸미는가?
10. 당신은 최후의 수단에서 다른 것으로, 예를 들어 순종에서 공격으로, 냉정함에서 폭발적인 분노로, 인내에서 좌절로, 사랑에서 미움으로, 돌진에서 자기만족으로 방향을 바꾸는가?
11. 당신이 아무리 열심히 일하더라도, 아니면 당신의 삶에 좋은 일들이 있더라도 행운을 발견하는 것이 어려운가?
12. 당신은 자신의 행동에 대한 책임을 지는 것이 어려운가? 일이 잘못되는 경우에는 타인을 비난하는 경향이 있는가?
13. 당신은 타인을 포함한 외부 환경을 통제하려고 하는가?
14. 당신은 소화기에 문제가 있는가? (예: 위궤양, 속 쓰림, 역류성 위염이나 당뇨병 등)
15. 당신은 암으로 고통받고 있는가?

주: 대부분의 문항에 체크한 경우, 태양신경총 차크라에 문제가 있을 가능성이 있다. 이제 그것을 치유할 수 있도록 태양신경총 차크라에 대해 학습하자.

태양신경총 차크라의 기초

- **위치**: 흉부 아래와 배꼽 사이의 상복부에 위치한다.

- **색**: 한낮의 태양의 색인 노란빛이 회전한다.

- **활성화와 발달**: 8세에 활성화되고 발달하기 시작해 12세까지 유지한다. 38~42세에, 그 후 68~72세에 다시 중심이 된다.

- **특별한 연결**: 태양신경총 차크라는 미간 차크라와 특별한 연결을 맺고 있는데, 태양신경총 차크라에서 나온 미숙한 직감은 미간 차크라에서 직관으로 연마되기 때문이다.

- **관련 감각**: 후각과 관련되어 있다.

- **관련 림프**: 포도당 대사를 조절하는 췌장과 관련되어 있다.

- **신경학적 연결**: 소화기계를 공급하는 위장과 하복부 신경총

- **관련 오라**: 태양신경총 차크라는 마음의 몸(mental body)과 관련된다. 이는 노란색으로 신체적 몸(physical body)에서 12~18인치 정도 확장된다.

태양신경총 차크라의 기능

- **힘, 잠재력, 열정, 의지, 추진력, 야망**: 태양신경총 차크라는 일하고, 변화를 추구하고, 자신이 누구인지, 자신이 무엇이 되기를 원하는지를 자각하고, 자신이 가고자 하는 곳에서 자신의 삶을 주도하는 등 놀라운 특성과 무한한 가능성을 우리에게 준다.

- **책임**: 우리는 자신의 삶에서 적극적인 배우가 되어 우리를 자유롭게 하고 강화시키기 위해 우리에게 일어나는 모든 것에 관여한다는 사실에 책임감을 갖는다. 우리는 더 이상 환경의 희생자가 아니며 선택을 하고 더 나은 삶을 계획하면서 새로운 삶의 전략을 세울 수 있다.

- **견해, 이성, 신념**: 태양신경총 차크라는 우리의 지성적 자기를 지배한다. 그래서 태양신경총 차크라에서 견해와 이성을 발달시키고 우리의 신념을 형성한다.

- **미숙한 직관:** 태양신경총 차크라에서 우리는 원초적 직관, 즉 육감이나 본능을 알아차리게 된다. 이것들은 나중에 미간 차크라에서 다듬어질 수 있다.

- **번영, 현시:** 우리가 힘, 잠재력, 의지, 야망, 추진력, 목표, 견해를 모두 가져오면서, 그것의 모든 형태에서 풍요로운 에너지인 번영의 씨앗을 심는다. 하지만 그것의 현시 또한 건강한 미간 차크라를 필요로 한다.

- **다름에 순응하기:** 다양성은 우리가 성장하기 위해 도전하는 선물이다. 건강한 태양신경총 차크라는 우리의 삶을 강화하고 풍요롭게 하기 위해 다름에 순응하고 새롭고 다양한 것을 통합하면서 적응하는 것을 도와준다.

- **신체적 측면:** 태양신경총 차크라는 위장, 장, 간, 담낭, 췌장 등 소화기관의 건강을 지배한다.

일이 잘못되는 경우

8~12세에 트라우마를 겪었을 경우, 아동기에 다음 중 몇 가지 어려움을 경험할 가능성이 있다.

- **힘의 오용:** 외부 세계와 자신의 세계 사이에 힘의 균형이 완벽하다는 것은 문제가 될 수 있다. 우리는 타인에 의해 영향력을 빼앗겼다고 느낄 수도 있고, 아니면 타인의 감수성을 짓밟으면서 그들을 함부로 대할 수도 있다. 권위자에 대한 우리의 반응은 작고 하찮게 느껴질 수 있고 아니면 반대로 반항적이고 우월감을 느끼고 공격적으로 느껴질 수도 있는데, 둘 다 적절하지 않다.

- **무력함:** 우리가 스스로를 무기력하게 인지할 수도 있지만, 결코 아니다. 우리는 단지 우리의 힘을 부적절하게 사용할 뿐이다. 이것을 받아들임으로써 우리의 행동을 변화시킬 수 있고, 다른 결과를 야기할 수도 있다.

- **통제**: 우리는 타인에게 무엇을 해야 하고 어떻게 살아야 하고 어떻게 행동해야 한다고 말하면서 타인과 타인의 삶을 통제하려고 함으로써 타인을 약화시킨다. 그리고 타인에게 우리가 바라는 대로 일이 정확하게 되지 않으면 화를 내거나 불안해한다.

- **야망과 추진력 부족**: 우리는 자신의 삶의 과정을 결정하는 동기와 추진력, 방향이 부족할 수도 있다. 반대로 지나치게 의욕적이고 야망이 클 수도 있다.

- **무책임**: 우리는 스스로를 희생자로 보고 자기 행동에 대한 책임을 거부하며 환경에 대해 타인을 비난하면서 자신을 약화시킨다. 우리가 자신의 삶의 책임을 받아들이지 않으면, 그것을 변화시키는 자신의 힘이 줄어든다.

- **'부정적' 정서**: 부정적 정서라 불리는 화, 분노, 괴로움, 질투, 적의, 죄의식은 태양신경총 차크라에 수년간 저장된다. 하지만 우리가 자신을 이해하기 위해 부정적 정서를 건설적으로 사용한다면 그것들은 꽤 강한 주동자가 된다.

- **정체와 범람**: 정체는 대개 범람과 반대된다. 내가 태양신경총 차크라가 흔들린다고 부르는 이유는 사소한 감정을 느끼는 것에서부터 통제할 수 없는 홍수에 이르거나, 뭔가를 하기 위한 동기 부족에서부터 때로 소진 시점에 에너지가 폭발하거나, 복종하는 태도에서 부적절하게 공격적인 폭발을 하는 등 급변하기 때문이다.

- **스트레스**: 불안정, 수면 장애, 열정 부족, 피로, 소진, 정력 부족, 체중 증가나 감소, 우울, 절망과 함께 스트레스는 일반적이다.

- **신체 증상**: 소화 장애에는 소화불량, 궤양, 위산, 변비, 설사, 과민성 대장 증상, 게실증을 포함한다. 당뇨병이 생길 수도 있고, 간이 손상될 수도 있다. 담석도 흔하다. 안락한 상태의 식사는 나아가 비만 같은 합병증을 일으킬 수 있다. 억압된 분노와 발암 사이의 관련성은 충분히 입증되어 왔다(당신이 변비와 설사가 교대로 일어나는 패턴을 갖고 있다면, 의사에게 확인하라).

태양신경총 차크라를 위한 오일과 젬스톤

- 태양신경총 차크라를 위한 가장 효과적인 오일은 로즈와 일랑일랑이다.
- 크리스털은 앰버, 토파즈, 옐로우 캘사이트, 시트린이 있다.
- 앰버(호박)는 강하지만 유연한 의지와 더불어 명랑하고, 태평하며, 낙관적이다. 또한 자기 확신적인 태도를 갖게 하며, 힘이 있고 고요하며 상냥한 특성의 발달을 촉진한다. 우리 모두 앰버를 착용하는 건 어떨까?!
- 캘사이트는 신뢰와 동기부여, 긍정성을 계발하는 데 도움을 준다.
- 시트린(황수정)은 낙관성과 개방성을 일으킬 수 있고, 풍요의 돌로 불렸던 그런 효과로 번영을 누릴 수도 있다.

자기 탐색

이제 치유가 필요한 것에 빛을 가져올 기회가 왔다. 당신의 기억이 고통스럽든 놀랍든 그 기억들을 여기에 적어라.

이제 심호흡을 몇 번 하라. 당신의 삶에서 이 시기에 집중하면서 마음에 떠오른 것을 기록하라. 아직 떠오르지 않더라도 걱정하지 마라.

첫 번째 시기

8~12세에 기억나는 것은?

이 시기에 대해 들었던 것은?

> 누구든 반란을 일으킨다. 자기 내면의 설득을 고요하게 복종시키는 것, 그리고 기질과 재능을 발견해 진실하고 적절한 표현 수단으로 자신의 삶에 사용하는 것이 훨씬 더 어렵다.
>
> 조르주 루오

이 시기에 가장 중요했던 사람은? (가족, 스승, 친구, 당신을 사랑했던 사람, 당신에게
상처를 준 사람 등)

그 당시 그 사람에 대한 나의 감정은?

> 자기 자신의 잠재
> 력 실현과 함께 자
> 기 능력에 대한 자
> 신감으로 인간은
> 더 나은 세상을 만
> 들 수 있다.
> ─────────
> 14대 달라이 라마

두 번째 시기

38~42세에 내 삶에서 일어난 일은?

내 삶에서 중요했던 사람은?

그 당시 그 사람에 대한 나의 감정은?

> 삶에서 인간의 주된 임무는 자기 자신을 낳는 것이고, 스스로 뭔가가 되는 것이다.
>
> 에리히 프롬

세 번째 시기

68~72세에 내 삶에서 일어난 일은?

내 삶에서 중요했던 사람은?

그 당시 그 사람에 대한 나의 감정은?

이 모든 것이 나에게 준 것은

당신의 삶에서 얻은 긍정적인 영향을 여기에 적어라(예: 나는 살던 곳을 이사했다. 나는 직장을 옮겨야 했다. 나 자신을 치유하기 시작했다. 나는 너무 아파서 도움을 받아야 했다). 지금 긍정적인 영향을 알 수 없다면, 이 부분은 그냥 넘어가라. 그것들이 떠오르면 그때 다시 돌아오라. 마치고 나면, 용서하고 치유하며 내면의 평화를 끌어오는 자신의 능력을 상당히 증가시키는 두 가지 명상을 다시 하라.

> 찾지 마라, 나의 영혼이여, 불멸의 삶이여, 하지만 그대의 손길 안에 있는 충만한 자원을 즐겨라.
>
> 핀다로스

이제 당신은 태양신경총 차크라가 발달했던 그 당시 자신의 삶에서 일어난 사건을 초래한 몇 가지 문제를 발견했다. 그것을 치유하라.

연습

다음의 각 연습들은 정서적으로나 신체적으로 과거의 고통을 극복하고, 나아가 균형 잡히고 조화로운 미래로 나아가는 데 도움을 줄 것이다.

연습 1

준비 이 책/펜/종이/봉투 2개
1시간 동안 방해받지 않게 하라.

당신은 자신의 부모에게 보내지 않을 편지를 각각 쓸 것이다. 당신의 부모가 돌아가셨더라도 이 연습은 부모와의 관계를 치유하는 데 도움이 될 것이다. 각 편지에는 당신이 바라는 것, 즉 당신이 부모에게 말하고 싶었지만 하지 못한 것, 당신이 말했지만 들어주지 않았던 것을 말할 수 있다. 아무도 없지만 당신은 그 편지들을 보아야 한다. 그래서 당신이 말하고 싶었던 것을 검열할 필요는 없다. 당신이 원하면 부모에게 단언하고, 절규하고, 소리칠 수 있다. 또한 부모에게 사랑한다고, 좋은 일들을 기억한다고 말할 수도 있다. 그 편지가 완벽하다고 느낄 때까지 적어라. 그런 다음 편지를 꺼내기 좋은 곳(되도록이면 남들이 꺼낼 수 없는 곳)에 두어라. 그리고 다음날 아니면 원하는 경우에 편지를 꺼내서 더 적어라. 정말 끝냈다고 느끼면, 원컨대 당신과 부모 모두 어느 쪽이든 다른 사람에게 상처를 주고 용서했던 일에서 벗어났다고 말함으로써 그 작업을 끝낼 수 있다. 하지만 당신이 그 작업을 할 준비가 되지 않더라도 걱정하지 마라. 마침내 각 편지를 봉투에 넣어 봉하라.

편지 쓰기 작업이 끝나면, 약간의 오일을 사용해 목욕을 하거나 샤워를 하라. 일단 이완이 시작되면 당신은 갑자기 과거로부터 감정이 해소되기 시작할 수도 있다. 그것은 좋은 것이다. 원하면 마음껏 울어라. 하지만 분노의 감정이라면 자신이나

> 자기 자신 외에는 어떤 것도 자신에게 평화를 가져다줄 수 없다.
>
> 랠프 월도 에머슨

모든 소유물을 해치지 않도록 노력하라. 당신은 이전에 여러 번 울었거나 화를 냈을 것이다. 이번에는 감정이 일어날 때 자신을 치유하는 약간의 빛과 사랑을 가져 옴으로써 감정이 달라진다. 자신을 사랑하고 그 감정을 내버려 둬라. 일상을 다시 시작하기 전에 잠시 시간을 가져라.

당신은 다시는 그 편지를 열고 싶지 않을 수도 있다. 그것도 괜찮다. 하지만 읽고 싶으면 다시 편지를 읽기까지 적어도 1주일 정도 기다려라. 당신은 치유가 일어났기 때문에 봉투를 열었을 때 매우 다르게 느껴지는 것을 발견할 것이다. 바라건대 많은 가시가 고통스러운 상황에서 소멸되었을 것이다. 그런 다음 당신은 그 편지를 어딘가 안전한 곳에 넣어 두든 의식을 갖추어 태워서 없애 버리든 모든 고통과 상처를 영원히 날려 보내는 결정을 할 수 있다.

연습 2

준비 안전한 곳에 의자 몇 개/이 책/펜
45분 정도 방해받지 않게 하라.

안전한 곳으로 가서 당신의 의자에 앉고 반대편에도 의자를 두라. 잠시 눈을 감고 호흡하라. 그런 다음 9~10세 된 당신의 아이 자기를 마음에 떠올리고, 맞은편 의자에 앉아 있는 그 아이 자기를 상상하라. 조용히, 침착하게, 주의 깊게 사랑과 연민과 이해와 인내심을 갖고 들어라. 그 아이에게 일어났던 것을 그 아이가 어떻게 느꼈는지를 당신의 아이 자기가 당신에게 말하고 있다. 당신이 그 아이를 정말 잘 알고 그 아이가 어떻게 느끼는지를 알 수 있도록, 원한다면 그 아이에게 질문을 하라. 이 아이는 무엇이 필요한가? 포옹, 칭찬, 격려, 인정, 사랑? 판단, 징벌, 폭력이나 처벌은 여기에 들어 있지 않다. 잠시 시간을 가져라. 필요하면 그 아이와 울어라. 할 수 있으면 당신이 자신의 아이 자기를 사랑하고 소중히 여길 것이며 아이 자기를 결코 포기하지 않겠다는 약속을 하라. 당신은 이제 자신을 사랑하는 부모가 되어야 하고, 그 아이가 필요한 것을 아이에게 주어야 한다. 잠시 시간을 갖고, 준비가 되면 당신의 아이 자기가 가슴으로 돌아오게 하라. 당신의 아이가 집으로 돌아오는 것을 환영하라.

그라운딩 연습을 하고(제1장 뿌리 차크라의 연습 4를 보라), 자신을 다정하게 대하라. 자신을 위한 시간을 잠시 갖고, 자신의 느낌을 여기에 적어라. 당신과 아이 자기 사이의 대화, 그 아이가 당신에게 원했던 것을 적어라.

> 먼저 자신 안에 평화를 유지하라. 그 이후에 당신은 타인에게도 평화를 줄 수 있다.
>
> 토마스 아 켐피스

이제 자신에게 적어도 세 가지 약속을 하라. 예를 들어, 다음과 같다.

나는 나의 아이 자기를 알아차리고 아이 자기를 돌보는 것을 약속한다.
나는 나의 건강을 보장하기 위해 나의 태양신경총 차크라에 대한 작업을 약속한다.
나는 내 삶에서 스트레스를 줄이는 것을 약속한다.

연습 3

준비 이 책/펜/약간의 색인 카드
20분 정도 방해받지 않게 하라.

하나의 가이드로서 다음 확언을 시작하면서, 당신에게 맞다고 느낄 때까지 조금씩 확언을 적용하라. 그런 다음 확언을 카드에 적어 당신이 항상 볼 수 있고 눈에 띄는 곳에 붙여라(예: 내가 좋아하는 곳은 항상 냉장고 문, 책상 위이다. 나는 분명히 하루에 여러 번 거기로 간다).

나는 내 삶을 지휘하고, 다른 사람들이 그들 자신의 삶에 명령하는 것을 존경한다.

나는 힘이 있는 존재이며, 나와 모두에게 더 좋은 것을 위해 나의 힘을 사용한다.

나는 내 삶이 번영하도록 열려 있다. 모든 형태의 긍정적인 에너지인 사랑, 일, 건강, 정력, 돈이 이제 내게로 흐른다.

연습 4

당신의 영혼은 때로는 당신의 이성과 판단이 당신의 열정과 식욕에 맞서 싸우는 전쟁터이다……. 당신의 이성과 열정은 바다를 항해하는 영혼의 키와 돛이다.

칼릴 지브란

준비 이 책/펜/안전한 곳이나 방해받지 않는 곳(풀이 자라는 야외가 좋지만 타인의 소리가 들리지 않기를 바란다.)

30분 정도 방해받지 않게 하라.

이 연습은 당신의 삶을 지휘하는 자신의 힘을 스스로에게 상기시킬 것이다.

두 발을 어깨 넓이로 벌리고 풀밭에 서라. 눈을 감고 심호흡을 몇 번 하라. 그런 다음 두 손을 태양신경총 차크라에 컵처럼 갖다 대라. 노란빛이 두 손으로 들어오는 것을 시각화하면서 호흡을 하라. 천천히 모든 말을 느끼면서 그것에 속삭여라. "나는 힘이야."

당신은 "나는 힘이자 평화야."라고 계속하면서 태양신경총 차크라에서 일어나는 신체적 감각을 느낄 수도 있다.

태양신경총 차크라의 힘이 이제 커지기 시작해 실개천에서 범람하는 에너지를 느껴라. 자신의 몸이 키 높이로 확장하는 것을 느껴라. "나는 힘이자 평화야."

가슴을 열고 어깨에 힘을 빼라. "나는 힘이자 평화야."

당신의 얼굴이 하늘로 끌어당겨지면서 뺨이 올라가기 시작한다. "나는 힘이자 평화야."

태양신경총 차크라에서 두 손을 움직여 하늘을 향해 뻗어라. "나는 힘이자 평화야."

당신의 목소리는 이제 더 강해지고 커진다. 할 수 있으면 우주를 향해 당신의 메시지를 소리쳐라. 하지만 당신의 목이 열려 있지 않아 목을 충분히 사용하지 못하더라도 소리쳤다면 당신의 목소리가 어떻게 소리 나고 느끼는지를 알게 된다. "나는 힘이자 평화야."

당신의 힘과 평화를 모두 느끼면서 호흡하라. 당신은 어떤 것도 마주할 수 있다. 당신은 어떤 것도 극복할 수 있다. 당신이 해야 하는 모든 것을 할 수 있다. 당신이 배워야 하는 모든 것을 배울 수 있다. 당신은 자신을 위해 책임지고, 그들이 무엇을 하든 어느 누구도 당신에게서 그것을 빼앗을 수 없다. 당신은 무적이다. 당신의 태양신경총 차크라는 순수하고 강하다. 당신은 당신과 당신에게 일어난 모든 것을 지휘한다. 그리고 나는 당신이 그런 책임을 기꺼이 받아들이기를 바란다.

원하는 만큼 오래 머물러라. 놀라울 정도로 힘이 넘치지만 평화로운 시간의 모든 순간을 음미하라. 그런 다음 준비가 되면 잘 그라운딩되었는지 확인하고 감사하라. 호흡하라. 잠시 시간을 가져라.

그런 다음 그것들을 기억하기 위해 당신의 느낌을 여기에 적어라. 무력감이 느껴지더라도 여기로 돌아오라.

이 연습을 하는 동안 느낀 점은?

나중에 느낀 점은?

나는 여성이다. 내
게 환호하는 소리
를 듣는다.
헬렌 레디

명상

명상 1

준비 이 책/펜/안전한 장소
1시간 정도 방해받지 않게 하라.

~~~

잠시 자신의 호흡에 집중하는 시간을 가져라. 그런 다음 이완된 상태를 만드는 일반적인 방법을 사용하라.

이제 천천히 과거로 돌아가 8세 때의 자신에 집중하라. 충분히 보호받고 있고 떠오르는 것은 단지 기억이라는 것을 이해하라.

지금 당신에게 상처를 줄 수 있는 것은 아무것도 없다. 당신은 이미 살아남았다. 8세 이후부터 12세 사이를 천천히 스캔하라. 당신은 마음속에 이미 이 시기를 떠올렸다. 지금 당신이 해야 하는 것은 정화하고 치유하며 버려야 할 모든 것을 한꺼번에 쓸어 내는 것이다. 그것은 과거이고, 당신은 지금 여기에 있다.

이제 시간을 가져라. 정수리를 통해 빛이 들어오고 확고하고 편안하게 그리고 안전하게 그 당시 아이 자기를 감싸 안아라. 그리고 아이 자기가 자신이 안전하다는 것을 이해하도록 아이 자기를 품에 꼭 안아 줘라.

이제 그 당시를 정화하고 치유하기 위해 한 줄기 빛을 보내라. 그 빛이 그 당시를 영원히 정화하고 치유하면서 그것을 통해, 그것 주위로 빛나게 하라. 잠시 시간을 가져라. 할 수 있으면 좋은 기억만을 갖고 그 사람들과의 부정적인 연결에서 자기 자신을 해방시키면서 그 당시의 그들과 그 사건에 용서를 보내라.

이제 잠시 시간을 가져라. 할 수 있으면 더 높은 영적 수준으로 올라가서 그 당시의 사람들이 그들 자신의 고통과 과정 때문에 했던 것으로 그들의 행동을 이해하라. 할 수 있으면, 하지만 할 수 있을 때만 그들을 용서하라. (할 수 없다고 하더라도 걱정하지 마라. 명상의 끝 부분으로 가라.)

그리고 이제 할 수 있으면 더 완벽한 그림을 볼 수 있도록 자신을 끌어올려라. 당신이 그 사람들의 일부였던 것처럼 그들도 당신의 여정에서 필요한 부분이었다는 것을 알 수 있을지도 모른다. 당신의 각 시기에는 이 생에서 알고자 했던 것을 가르치는 동시에 배우고 있었다. 당신이 이것을 이해할 수 있으면, 그들에게 당신의 삶에서 중요한 부분을 연기해 준 것에 대해 감사를 보내라. 마지막으로 그 사람들과 그 사건을 내려놓아라. (할 수 없어도 걱정하지 마라. 항상 다시 이곳으로 돌아올 수 있다.) 호흡하라.

이제 모든 것이 정화되고 깨끗하다. 이완하고 호흡하라. 이제 당신의 아이 자기에게 집중하라. 무한한 사랑으로 아이 자기를 감싸 안고, 아이 자기를 당신의 온전한 존재로 통합하라. 이 중요한 시기를 지금까지 당신 삶의 교제로 통합하면서 온전하고 완벽하다고 느껴라.

잠시 시간을 갖고 준비가 되면 이 방으로 돌아오라……. 심호흡을 하고, 당신의 신체적인 몸을 산소로 가득 채워라. 당신의 신체적 현존을 충분히 자각하라. 손가락과 발가락을 움직여라. 두 팔로 자신의 몸을 껴안아라. 몸을 사랑하라……. 인간으로서 자기를 즐겨라. 그런 다음 천천히 감은 눈 너머의 한 지점에 집중하라. 당신이 진실로 거기에 있을 때 그라운딩을 확인하라. 천천히 눈을 뜨고 충분히 지금 이 순간에 머물러라.

잠시 스트레칭을 하고, 물을 한 잔 마셔라. 원하는 무엇이든 여기에 적어라.

> 문제는 당신이 최선을 다할 수 있는 기회이다.
> 듀크 엘링턴

명상 2

준비 이 책/펜

1시간 정도 방해받지 않게 하라.

∾ ∾ ∾

편안한 상태로 자신의 호흡에 집중하면서 당신이 배운 대로 부정적인 모든 것을 내려놓음으로써 자신을 이완된 상태로 가져가라.

아름다운 치유의 빛 파도가 정수리로 들어와 모든 세포와 모든 원자를 가득 채우면서 당신을 정화하고 치유하며 균형을 이루면서 흘러 내려가게 하라. 모든 세포는 이제 빛으로 목욕을 하면서 당신에게 완벽한 조화를 주고 있다.

이제 당신의 초점을 가슴 중심과 가슴 차크라를 통해 내려와 태양신경총 차크라가 있는 상복부의 그 부위에 집중할 때까지 내려간다. 태양신경총 차크라를 아름다운 황금빛 볼인 자신의 개별적인 태양을 시각화하면서 당신을 따뜻함으로 가득 채우고, 당신을 빛으로 가득 채워서 자신의 밝은 빛이 모든 방향으로 퍼져 나가게 하라.

태양신경총 차크라의 빛이 당신의 모든 세포로 들어오면서 당신 자신이 태양신경총 차크라의 빛남을 응시하게 하라.

이제 당신은 빛으로 따뜻해지면서, 동시에 당신을 가득 채우는 태양신경총 차크라의 부드러움과 태양신경총 차크라의 힘을 느껴라. 당신은 힘이 있다. 당신은 할 수 있고 강하다. 당신이 하려는 것은 무엇이든 성취할 수 있다. 몸의 모든 부위를 흐르는 그 힘을 느껴라. 이제 당신을 통해 거침없이 흐르는 따뜻한 파도를 물결치게 한다. 건강하고 평화로운 삶을 살기 위해, 당신이 자신에게 좋은 것과 세상에 좋은 것을 사용할 수 있는 모든 종류의 좋은 에너지를 풍부하게 만들기 위한 당신의 새로워진 동기를 느껴라. 이 순간, 당신의 모든 삶을 위해 이 순간에 책임을 다하라. 당신의 힘을 현명하게 사용할 것이라는 약속을 하라.

지금 당신을 통해 흐르는 힘과 강함을 즐겨라. 몸의 모든 세포로 그 힘을 받아들이고, 그 힘을 당신의 오라로 내쉬어라. 그 힘을 맛보라. 그 힘을 즐겨라. 잠시 시간을 가져라.

오랜 상처, 고통, 아픔을 이런 힘이 치유하도록 요청하고, 또한 미래를 위한 평화와 기쁨을 당신에게 달라고 요청하라. 빛나는 태양빛의 움직임처럼 방사하면서 그 힘을 당신이 가고자 하는 곳이 어디든 호흡하라. 이제 자신의 모든 것을 치유하고 강화하라. 호흡하라. 잠시 시간을 가져라.

이런 황금빛 속에 원하는 만큼 머물러라. 그리고 준비가 되면 이런 발전소를 당신의 내면 깊이 영원히 갖고 있음을 알고, 당신이 원할 때마다 이 무한한 힘을 사용할 수 있음을 알라. 모두에게 더 좋은 것이라면 돌아가서 시작하라. 당신의 태양신경총 차크라에서 피어나는 황금빛 꽃을 호흡하면서 시각화하고, 황금빛 꽃잎들이 단단한, 단단한 봉오리로 닫히게 하라. 그 힘을 붙잡아라.

이제 천천히 당신의 초점을 가슴 중심 뒤로, 목 뒤로 감은 눈 뒤에 이를 때까지 올라가라. 충분히 현존하는 경우 자신의 신체적 몸을 느끼고 손가락과 발가락을 움직여라. 잘 그라운딩하고 충분히 지금 이 순간에 머물러라. 준비가 되면 천천히, 천천히 눈을 떠라.

∼∼∼

스트레칭을 하고, 물을 한 잔 마시고, 원하는 무엇이든 여기에 적어라.

타인과 관련해 우리를 짜증나게 하는 모든 것은 우리 자신을 이해하도록 우리를 이끌 수 있다.

카를 구스타프 융

확언

나는 타인과의 모든 관계에서 갈등 상태든 합의 상태든 자기주장을 한다. 나는 나의 욕구에 따라 예나 아니요를 말한다.

나는 진정한 힘으로 시작하고, 진정으로 나라는 존재를 즐긴다.

나는 나의 가슴과 마음을 열어 우주의 힘을 받아들이고 나와 모두에게 더 좋은 것을 위해 사용한다.

나는 나의 최고의 잠재력을 가득 채우는 기회를 환영한다.

이제 당신의 확언을 적어라.

기록지

가장 중요한 것은 당신이 부끄럽지 않은 누군가가 되는 것이다.

로드 스타이거

제4장

가슴 차크라

"사랑은

기름을 부을 수 있도록 휘어진 밤이다.

하늘이 초원으로 변하고,

별들은 불새가 되었다.

사랑이 승리한다.

호수 근처 희고 초록빛 사랑.

탑이나 발코니에 있는 자랑스러운 사랑의 위엄.

정원이나 인적 없는 사막에 있는 사랑.

사랑은 우리의 신이자 주인이다.

우리는 석양을 지날 것이다.

어쩌면 다른 세상의 새벽을 깨우기 위해.

하지만 사랑은 머물 것이다.

그의 손때는 지워지지 않을 것이다."

– 칼릴 지브란 –

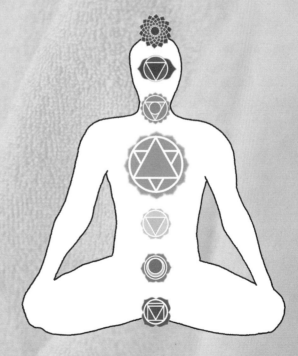

사랑은

기름을 부을 수 있도록 휘어진 밤이다.

하늘이 초원으로 변하고,

별들은 불새가 되었다.

사랑이 승리한다.

호수 근처 희고 초록빛 사랑,

탑이나 발코니에 있는 자랑스러운 사랑의 위엄,

정원이나 인적 없는 사막에 있는 사랑,

사랑은 우리의 신이자 주인이다.

우리는 석양을 지날 것이다.

어쩌면 다른 세상의 새벽을 깨우기 위해.

하지만 사랑은 머물 것이다.

그의 손때는 지워지지 않을 것이다.

– 칼릴 지브란 –

가슴 차크라는 우리의 영적 상승의 중추 지점으로, 가슴 차크라 아래의 차크라들은 인간 상태에서 우리를 안전하게 잡아 주는 반면에 가슴 차크라 위의 차크라들은 우리에게 영적으로 신호를 보내면서 세속과 신성을 연결하는 다리가 된다.

가슴 차크라 작업을 통해 얻는 기대 효과

- 자기 자신과 우주의 모두를 위한 사랑과 연민
- 우주 의식으로의 상승

- 무조건적인 사랑의 능력
- 진실로 용서하는 능력
- 모든 관계의 개선
- 심장과 호흡기 건강 증진

시작하기 전에 지금 당신의 가슴 차크라가 얼마나 건강한지 살펴보라.

자기 평가 질문지	
	1. 당신은 사랑하는 것이 어려운가? 아니면 사랑받는다고 느끼는 것이 어려운가?
	2. 당신은 부정적이고 비관적인가? 아니면 거만하고 독재적인가?
	3. 당신은 다른 사람의 삶에 관여하는가? 뒤로 물러나 그들이 실수하도록 내버려두는 것이 어려운가?
	4. 당신은 대부분의 시간 동안 소진되거나 피로하거나 녹초가 된다고 느끼는가?
	5. 사람들이 당신을 이용하는 경우 참지 못하고 견디기 어려운가? 아니면 참고 견디는가?
	6. 당신은 즐기는 것이 어려운가? 종종 사람들이 당신에게 실수하는 것을 찾는가?
	7. 당신은 신경 쓰지 않는 게 어려운가?
	8. 당신은 독설을 퍼부으면서 관계를 끝내는가?
	9. 당신은 빨리 사랑에 빠지는가? 그런 다음 바로 그 사람에게서 본 것을 의심하는가?
	10. 당신은 12~16세에 절망하고 트라우마로 고통을 받았는가?
	11. 당신은 용서와 연민, 공감을 느끼는 것이 어려운가? 아니면 다른 사람의 고통에 끌려 가는 것을 연민과 공감으로 느끼는가?
	12. 당신은 심장, 혈압, 혈관에 문제가 있는가? 아니면 천식이나 호흡기에 문제가 있는가?
	13. 당신은 사랑이 뭔지 궁금해하면서 세상에서 고립시키는가?
	14. 당신은 내면의 평화를 찾을 수 없는가?
	15. 당신은 유방암을 포함한 유방의 문제를 가진 적이 있는가?

주: 대부분의 문항에 체크한 경우, 가슴 차크라에 문제가 있을 가능성이 있다. 가슴 차크라가 차단되는 경우 대개 자신의 에너지가 유출되고 다른 사람의 에너지와 문제로 상처를 남기면서 가슴 차크라가 열린 채 지낸다. 이런 경향성은 많은 의사, 간호사, 치유자, 다양한 돌봄 종사자들이 겪고 있는데, 소진 상태를 초래한다. 당신 자신을 보호하기 위해 자신의 차크라들을 닫는 방법을 배우는 것은 차크라들을 자유롭게 유지하고 열어 두는 것만큼이나 중요하다.

차크라 보호 방법

당신이 자신에 대한 작업을 마칠 때마다 또는 당신이 외출할 때, 다음 과정을 연습하는 시간을 잠시 동안 가져라.

심호흡을 두 번 하고 이완하라. 당신의 정수리 위에 잎들이 활짝 핀 아름다운 흰 꽃을 상상하라. 그 잎들이 닫히는 것을 시각화하라. 꽃봉오리가 단단해지게 하라. 당신의 초점을 미간 차크라로 가져오라. 짙은 파란빛의 꽃을 보라. 그 꽃잎들을 닫아라. 당신의 초점을 목 차크라로 가져오라. 파란빛의 꽃을 보라. 그 꽃잎들을 닫아라. 당신의 초점을 가슴 차크라로 가져오라. 거기에는 아름다운 초록빛의 꽃이 있다. 그 꽃잎들을 닫아라. 태양신경총 차크라에는 노란빛의 꽃이 있다. 그 꽃잎들을 단단한 꽃봉오리로 닫아라. 천골 차크라에는 주황빛 꽃이 있다. 그 꽃잎들을 닫아라. 뿌리 차크라는 당신을 계속해서 그라운딩하고 대지로부터 영양을 받기 위해 열려 있다. 두 팔을 가슴에서 교차하고 머리는 앞으로 약간 숙여라. 이제 당신 곁에 아름다운 짙은 파란빛의 망토가 있다고 상상하라. 당신을 잘 보호하기 위해 망토를 당신 주위와 머리 위로 걸쳐라. 호흡하라. 당신이 보호받고 있음을 알아라.

가슴 차크라의 기초

- **위치:** 앞쪽과 뒤쪽의 가슴 중심에 위치
- **색:** 가슴 차크라의 전통적인 색은 초록빛이지만, 종종 건강이 좋을 때 가슴 차크라를 통해 쏟아지는 사랑 때문에 분홍빛으로 나타난다.
- **활성화와 발달:** 1차 성장은 12~16세에 있고, 다시 42~46세에, 그 후 72~76세에 온다.
- **특별한 연결:** 가슴 차크라는 중추적인 힘 채널의 중심에 있다. 우리의 인간성과 신성을 연결하는 과도적 차크라이다.

- **관련 감각**: 가슴 차크라는 촉각과 관련이 있으며, 신체적인 감각뿐만 아니라 정서적인 촉각과도 관련이 있다.

- **관련 림프**: 가슴 차크라는 면역 체계에 관여하는 흉선과 관련이 있다.

- **신경학적 연결**: 가슴 차크라는 폐와 심장인 두 개의 신경학적 연결이 있는데, 사실상 각각 연결되어 있고, 호흡기계, 심장, 대동맥, 폐정맥을 공급한다.

- **관련 오라**: 가슴 차크라는 아스트랄 몸과 관련되어, 정서적 몸과 약간 유사한 구름 색깔(cloud color)처럼 보이며, 몸에서 30인치 정도 확장된다.

가슴 차크라의 기능

- **사랑**: 가슴 차크라에 있는 사랑은 개인적일 수도 있고 사랑의 대상에 집중할 수도 있다. 예를 들어, 당신은 자신의 파트너를 사랑하고, 자신의 개를 사랑한다(또는 우주와 무엇이든). 우리는 우리가 알든 모르든 모든 사람, 모든 곳을 사랑할 수 있다. 실제로 사랑하는 관계에서 우리는 다른 사람에게 그 사람들이 (그리고 우리가) 성장하고, 영적으로 드러나면서 성장시키기 위한 공간과 지지, 자유를 줄 수 있다. 우리는 그 사람들이 하는 행위가 싫더라도 그들의 행위에서 그들을 분리시키고 그들을 무조건적으로 사랑할 수 있다. 이별을 하게 될지도 모른다.

- **연민**: 우리는 감정 이입에 의존하지 않으면서 다른 사람의 고통과 절망을 이해와 사랑의 관점에서 볼 수 있다. 감정 이입은 항상 타인을 약화시킨다. 우리는 그 사람들의 고통 때문에 그들에게 아량을 베풀면서, 그들이 누구인지를 과소평가한다. 때로는 우리는 그들과 결탁하여 그들의 행위의 결과에서 오는 배움을 방해함으로써 성장을 가로막게 된다.

- **공감**: 공감은 우리 자신을 타인의 상황으로 확장시키고 그 사람들이 경험하는 것을 과정에 개입하지 않고도 어떻게 경험하고 있는지를 느끼는 능력이다. 공감은 타인의 견해에서 단순히 사물을 보는 것 그 이상이다.

- **수용**: 그 사람들이 우리 자신, 다른 사람, 그들의 행동을 포함해 바로 지금 일어난 일들, 날씨, 세상의 사건 등을 받아들이면 우리가 그들을 꽤 좋아하지 않더라도 우리가 만들 수 있는 어떤 변화를 살펴보는 동안 버틸 수 있는 단단한 지면을 우리에게 제공한다. 이것은 자기만족이 아니다. 우리 자신을 변화시키는 용기를 가지면 그것은 우리가 변화하기 위해 힘을 갖는 유일한 것으로, 세상은 끊임없이 우리를 반영하기 때문에 모든 것을 변화시킨다.

- **평화**: 우리 자신, 즉 몸, 마음, 영혼을 진실로 사랑하고 받아들일 때만 우리가 평화로운 상태로 존재할 수 있다. 우리가 이것을 이룰 때만 세상에서 평화와 치유의 도구가 될 수 있다. 슬프게도 평화를 위해 적극적으로 호소하는 많은 사람이 매우 공격적이다. 그리고 이미 세상에 존재하는 갈등에 그들 자신의 개인적 부조화를 보탤 뿐이다. 먼저 우리 자신의 가슴의 치유를 통해서만 우리가 세상에 평화를 가져오는 데 도움을 줄 수 있다.

- **존경**: 자존감과 타인에 대한 배려가 존경에 포함된다─그들이 누구인지, 그들이 무엇을 하는지, 그들이 어떻게 느끼는지, 그리고 그들이 삶에서 문제를 대처하기 위해 어떻게 관리하는지 등. 하지만 누군가를 존경하고 비판하지 않고 그들을 존중하더라도 나는 여전히 나의 삶에서 그들을 원치 않는다는 결정을 할 수 있고, 사랑과 정중한 마음으로 그들로부터 분리될 수 있다.

- **무집착과 자유**: 진정한 사랑의 마음에는 타인이 그들의 잠재력을 성장시키고 충족시키는 것을 보는 자유와 기쁨이 있다. 타인의 과정과 성장·발달에서 사랑, 존경 및 확신은 우리를 단결시킨다. 집착은 그야말로 의존하게 만든다.

- **결합**: 우리가 누군가를 사랑할 때, 우리는 힘든 시기 내내 우리를 유지하고 우리에게 남아 있도록 도와주는 가슴 차크라 사이의 결합을 발달시킨다. 분리되는 동안 또는 죽을 때 이런 결합이 분리되면서 부정적인 측면이 나타나며, 우리는 상실에 대한 강렬한 고통을 느낀다.

- **슬픔**: 가슴 차크라는 우리가 깊이 사랑하게 되면서, 가슴 차크라의 결합이 깨졌을 때 (전형적인 실연을 당했을 때) 우리는 자연스러운 슬픔의 기능을 허용한다. 참고로 건강한 슬픔은 충분히 치유되는 데 2년 정도 걸린다.

- **낙관주의**: 태양신경총 차크라에서 나오는 낙관주의는 우리가 모든 것에서 선을 보고 희망적인 태도를 갖게 할 수 있다. 이것은 자기 망상도 아니고 장밋빛 유리를 통해 세상을 보는 것도 아니다. 우리가 사람들을 사랑하고 잘 소통하면서 우리의 사랑을 반영하면, 모든 세상이 동시에 미소로 변한다.

- **용서**: 건강한 가슴 차크라는 우리가 이해와 사랑, 연민으로 용서하게 하면서, 우리에게 상처를 준 사람들이 그 당시 그들의 과정과 경험, 정서 상태를 단순히 반영하는 방식으로 행동하고 있었음을 인식하게 한다. 용서는 우리를 과거로부터 자유롭게 하면서, 수년 동안 조이고 있었던 에너지를 방출시키고, 우리를 행동하게 하고 현재를 즐기도록 한다. 용서의 수준에 대한 논의는 『Unlockong the Heart Chakra』(Brenda Davies, Ulysses Press, 2001)를 읽어도 좋다.

- **사랑에 빠지는 능력**: 종종 우리는 사랑에 빠지는 것을 의존에 빠지는 것과 혼동한다. 처음에는 두 가지를 동일하게 느낄 수 있지만, 이 둘은 매우 다르다. 사랑에 빠지면 잠시 동안 우리의 경계를 잃고 무정형의 에너지 몸처럼 존재하는데, 이것은 드라마와 혼돈에서 우리 사이의 사랑, 신뢰, 존경 및 연민이 지리적으로 떨어져 있더라도 우리를 결합시킨다는 깊은 만족 및 확신과 함께 깊은 사랑의 상태로 변화가 일어나게 된다.

- **관련 신체기관**: 가슴 차크라는 신체적으로 가슴 부위, 중요한 혈관, 호흡기계, 면역 체계를 지배한다. 유방, 흉부, 전박부, 손바닥도 가슴 차크라의 지배를 받는다. 흉추도 마찬가지이다.

일이 잘못되는 경우

12~16세에 문제가 있었다면, 성인기에 다음 중 몇 가지 어려움을 경험할 가능성이 있다.

- **관계의 어려움**: 평등, 평화와 자유를 존중하는 상호 간의 지지적인 애정 관계를 유지하는 것이 어렵다. 이유는 대개 반복되는 패턴이 일시적이고 고통스럽거나 아니면 오랜 기간 관계를 질질 끌게 되지만, 사실은 상호 간의 지지나 양육을 제공하지 못하기 때문이다.

- **상호 의존**: 우리가 다소 불완전하다고 느끼면 사람들이 우리를 행복하고 완전해지도록 도와주는 것을 찾는다. 두려움, 통제 및 덫에 의한 지배로 생긴 상호 의존적 관계는 두 사람 모두에게 고통과 불안을 가져오고, 보통 4년째에 실패할 수밖에 없는 운명이 된다. 그렇지 않다면 그 사람들이 수년 간 싸우더라도 어느 쪽도 다시 혼자가 되는 위험을 바라지 않는다. 그런 관계의 끝은 실제 복수는 아니더라도 대개 독설을 퍼붓고 괴로워하거나 폭력을 쓰고 위협하는 특징을 보인다. 진정으로 사랑했던 사람들은 헤어지면서 서로에게 위협적이지 않다.

- **부정성과 비관주의**: 부정성과 비관주의는 낙천적인 태도와는 반대로 우리를 끌어내리고 또한 우리 주위에서 이완하면서 자연스럽게 존재하는 것을 점점 더 어려워하는 동료들에게 영향을 준다. 실망, 우울, 상처받기 쉬움 및 거부감은 우리가 사람들을 밀어내면서 잇따라 일어나는데, 우리가 정말 간절히 바라고 원하는 친밀함을 우리 자신에게서 빼앗는다.

- **파괴적 비평**: 우리 자신의 불행은 대개 타인을 파괴적으로 비판하도록 우리를 이끈다. 물론 그렇게 함으로써 우리는 스스로를 격리하고 결과적으로 상처를 받게 된다.

- **용서의 결핍과 원한을 가짐**: 건강한 마음이 없는 용서는 결코 완전해질 수 없고, 논쟁과 불화는 절대로 해결되지 않는다. 원한은 에너지상으로 우리를 과거에 얽매어 우리의 삶에 밀접하게 결합되면서 수년간 지속될 수 있다.

- **방어, 미안하다고 말하는 것의 어려움**: 무례함이나 모욕은 거의 모든 거래에서 인지될 수 있고, 우리의 성가신 방어는 더 이상 그것들이 아무것도 아니라고 느끼면서 몹시 초조하게 우리 주위에 그것들을 남긴다. 그것은 결코 좋은 것이 아니다. 우리는 섬세하지만 그럼에도 관련된 사람들을 공격적으로 끌어내리면서 말로 핵심을 자르거나, 우리가 매우 과민하다고 주장하면서 잔인한 행동에 대한 변명을 한다.

- **수동 공격성**: 이런 행동은 열에 열은 타인에게 상처를 주는 반면, 우리 자신에게서 친밀감의 기쁨을 빼앗는다. 여기에서 개방적인 의사소통은 조롱, 비꼼 및 교활함으로 대치되는데, 헐뜯는 말의 실제 의미는 타인이 우리를 틀림없이 오해했다는 비난을 나중에 부정하게 된다는 것이다. 도전받았을 때의 보복이 대개 그 그림의 완성이다. 결국 우리와 가까운 사람은 우울해지고 트라우마로 인한 스트레스 증후군을 겪게 된다. 그들은 항상 경계를 하고 그들의 본능이 그들에게 말하고 우리가 뭔가를 그들에게 말하기 때문에 그들 자신의 직관을 의심하면서 혼란을 경험하는 동안 이완을 할 수가 없다.

- **반감, 판단, 증오, 앙갚음, 복수**: 모든 것에서 좋은 것을 인식할 수 없게 되면서 우리는 종종 다른 사람을 싫어하고 판단하고 심지어 미워한다. 우리가 느끼는 환경에서 상처받고 보복하고 가능한 한 바로 복수한다. 우리와 그들 사이에 어렵고 받아들일 수 없다고 생각하는 강하고 위험한 장애물을 만드는 것이 민족적 우월감과 전쟁의 기초가 된다.

- **소진**: 우리의 파트너, 우리의 내담자 및 일반적으로 세상을 구조하고 치유하려는 시도로 우리가 사랑과 에너지를 쏟아붓고, 결국 우리는 더 이상 도울 수 없는 악몽을 꾸는 것을 알아차리면서 고갈되고 소진된다.

- **구조**: 우리가 누군가를 구조할 때마다(그들이 스스로 할 수 있는 것을 우리가 해 주고, 그래서 그들의 성장에 도움을 준다는 의미로) 우리는 말로 하지는 않더라도 인상으로 그들의 정체성에, 그리고 그들이 우리보다 열등하다고, 우리가 그들의 삶을 그들보다 더 잘 살 수 있다고 은연중에 상처를 준다. 결과적으로 구조당한 사람은 학습된 무력감으로 알려진 상태가 되어, 더 심한 열등감과 부적절함, 의존감을 느끼고 두 사람 모두에게 상처를 주는 연쇄적인 행동을 보인다. 한편, 다른 사람은 우월하지만 때로는 가혹해지고, 엇갈릴때는 죄의식에 사로잡힌 상태로 조종한다. 실제로 각자 서로에게 의존적이 된다. 한 사람은 도움을 요청하고, 한 사람은 칭찬을 바란다. 기억할 점은 어떻든 선의로 하는 구조는 항상 무례하다는 것이다. 이에 대해서는, 『영혼의 여행(Journey of the Soul)』(Brenda Davies, 2002)을 읽어 보라.

- **신체 증상**: 심장과 순환기 문제, 고혈압, 협심증, 부정맥 등은 가슴 차크라가 제대로 기능하지 못할 때 일어날 수 있다. 기관지염, 천식, 폐기종 등의 호흡기 문제가 잘 일어날 수 있다. 면역 체계가 감염에 노출되기 때문에 자가면역질환이 생길 수 있다. 유방암 같은 유방 문제는 불안정한 가슴 차크라의 기능 때문이다.

가슴 차크라를 위한 오일과 젬스톤

- 로즈, 라벤더, 재스민 오일이 가슴 차크라에 유용하다.
- 젬스톤은 로즈 퀴츠(장미수정), 어벤츄린(사금석), 말라카이트(공작석), 제이드(옥)가 좋다.
- 로즈 퀴츠는 깊지만 부드럽게 연민과 공감으로 사랑하도록 도움을 주며, 우리가 로맨 스를 인식하고 반응하도록 열어 주며, 우리가 현명한 선택을 하도록 도움을 준다.
- 어벤츄린은 인내와 수용, 관용에 도움을 주어 이완하고 잠자는 능력을 증진시킨다.
- 말라카이트는 연민과 공감을 더 깊어지게 하고, 배우려는 우리의 바람과 능력을 자극 한다.
- 제이드는 마음의 기능을 조절하고, 활력을 증진시키며, 수명을 증진시킨다고 한다.

자기 탐색

이제 치유가 필요한 것에 빛을 가져올 기회가 왔다. 당신의 기억이 고통스럽고 혼란스럽든 아니면 놀랍고 흥분되든 그 기억들을 여기에 적어라.

자, 시작하라.

심호흡을 몇 번 하라. 당신의 삶에서 이 시기에 집중하면서 마음에 떠오른 것을 기록하라. 아직 떠오르지 않더라도 걱정하지 마라.

첫 번째 시기

12~16세에 기억나는 것은?

> 내가 이런 식으로 사랑을 이야기할 때 나는 달콤한 감정, 애정의 느낌, 감상에 대해 말하는 게 아니다. 대개 그것들은 집착에 대한 반응일 뿐이다. 내가 말하는 사랑은 기능, 힘, 순수한 의도, 모든 정직의 핵심이다.
>
> 글렌다 그린

이 시기에 가장 중요했던 사람은? (가족, 스승, 친구, 당신을 사랑했던 사람, 당신에게 상처를 준 사람 등)

그 당시 그 사람에 대한 나의 감정은?

두 번째 시기

42~46세에 내 삶에서 일어난 일은?

> 내면의 삶이 없는 사람은 주변의 노예일 뿐이다.
>
> 앙리 프레데릭 아미엘

내 삶에서 중요했던 사람은?

그 당시 그 사람에 대한 나의 감정은?

세 번째 시기

72~76세에 내 삶에서 일어난 일은?

> 신만이 불멸의 영
> 혼의 열망을 만족
> 시킬 수 있다. 마
> 음은 그를 위해 만
> 들어졌기 때문에
> 그만이 마음을 채
> 울 수 있다.
>
> 리처드 체네빅스
> 트렌치

내 삶에서 중요했던 사람은?

그 당시 그 사람에 대한 나의 감정은?

이 모든 것이 나에게 준 것은

당신의 삶에서 얻은 긍정적인 영향을 여기에 적어라(예: 나는 살던 곳을 이사했다. 나는 직장을 옮겨야 했다. 나는 나 자신을 치유하기 시작했다. 나는 너무 아파서 도움을 받아야 했다). 지금 긍정적인 영향을 알 수 없다면, 이 부분은 그냥 넘어가라. 그것들이 떠오르면 그때 다시 돌아오라. 마치고 나면, 용서하고 치유하고 내면의 평화를 끌어오는 자신의 능력을 상당히 증가시키는 두 가지 명상을 다시 하라.

> 연민은 모든 진정한 영성의 에센스이다. 그리고 종교의 모든 정의와 차이를 초월한다.
>
> 차그두드 툴크 린포체

이제 당신은 가슴 차크라를 바라보고 그것이 어떻게 움직이는지를 살펴볼 기회를 가졌다. 당신이 이것을 치유할 수 있는 방법을 살펴보라.

연습

다음의 각 연습들은 정서적으로나 신체적으로 과거의 고통을 극복하고, 나아가 균형 잡히고 조화로운 미래로 나아가는 데 도움을 줄 것이다.

연습 1

준비 이 책/펜/여분의 종이
1시간 동안 방해받지 않게 하라.

건강한 가슴 차크라는 당신의 삶을 바꿀 수 있는 긍정적인 견해와 낙천적인 태도로 이끈다. 이 연습은 태도의 변화로 인한 이익 및 태도를 변화시키는 실제적인 방법을 이해하는 데 도움을 줄 것이다.

먼저, 부정적일 때 일어나는 것들을 살펴보라.

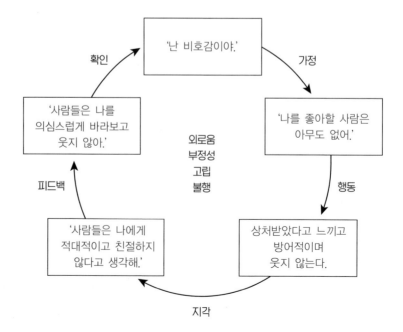

그림에서 보는 것처럼, '난 비호감이야.' 같은 부정적인 사고는 아무도 나를 좋아하지 않는다는 가정으로 이끌 수 있다. 사람들이 나를 싫어하고 거부한다는 생각을 하고 있다면, 나는 상처받고 있다고 느끼며, 어쩌면 적대적이거나 방어적인 나의 행동은 이것을 반영한다. 자연스럽게 이런 태도는 다른 사람에게 덜 친근한 반응을 촉발하고, 이제 나는 부정적인 피드백을 하면서 '난 비호감이야.'라는 초기 신념을 확인하는 것으로 해석한다. 나는 지금 내가 결국 외롭고 고립된 스스로를 발견할 때까지 계속해서 반복하는 부정적인 사고, 가정, 행동 및 피드백의 전체 새로운 주기를 만들게 된다. 하지만 실제로는 나 자신이 이 모든 것을 만들었을 뿐 다른 누군가가 만든 게 전혀 아니다. 내가 그 단계를 만들었고, 내가 모든 문장을 썼으며, 내가 모든 부분을 연기했고, 나 자신이 마지막 커튼을 열었다!

당신에 대한 몇 가지 사고나 신념을 살펴보고, 그것들이 당신의 삶과 관계에서 어떤 형태를 만들었는지를 살펴보자. 당신은 여기에서 두 가지 작업을 할 수 있다(예: '난 무능하다고 생각해'). 그런 다음 원하면 다른 종이에 더 적어라. 앞으로 당신이 바라는 대로 되지 않는다고 느낄 때마다 당신은 자신의 태도, 사고 및 신념을 정직하게 살펴볼 수 있고, 당신의 현실을 변화시킬 수 있을 때까지 이 연습을 할 수 있다.

> 마음과의 직면: 다른 사람 앞에서 관대함과 자기주장, 친절함으로 가슴에서 우러나는 진실을 당당히 말하는 것이다.
>
> 브렌다 데이비스

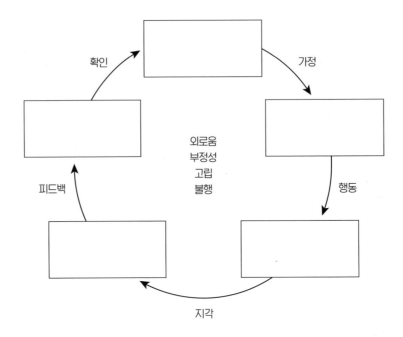

외로움
부정성
고립
불행

확인   가정

피드백   행동

지각

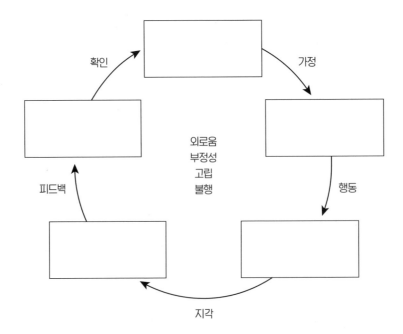

외로움
부정성
고립
불행

확인   가정

피드백   행동

지각

　이제 우리의 마음을 열어 긍정적인 태도를 갖고 위험을 무릅쓰면서 주기를 변화시켜라.

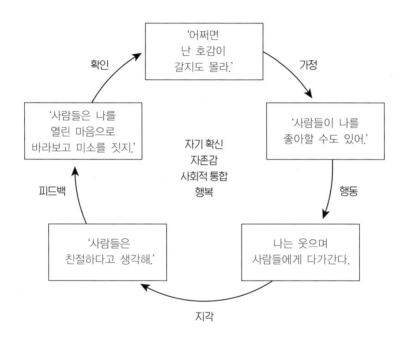

　첫 번째 네모 칸의 사고는 '어쩌면 난 호감이 갈지도 몰라.'이다. 그렇다면, 그 다음 나의 가정은 '사람들이 나를 좋아할 수도 있어.'이다. 그러면 나의 행동은 바뀌고, 미소 지으며 놀란다. 아니나 다를까! 사람들이 미소를 보낸다. 이런 긍정적인 피드백에 나는 호감이 갈 거라는 것을 확인한다. 이제 나는 확실한 신념을 갖게 되고, 나의 자신감이 올라간다. 이제 나는 사람들과의 더 많은 위험을 기꺼이 받아들이고, 나의 태도는 점점 더 밝아지고 낙천적이 되면서, 나의 세상이 확장되고, 나의 자존감은 계속해서 성장한다. 나는 결국 나를 더 행복한 상태로 이끌면서 나의 세상이 밖으로 열려 있음을 발견한다.

　당신의 첫 번째 사례를 다시 작업하면서 초기 생각을 긍정적인 생각으로 변화시켜라. 앞의 사례를 보자면, 초기 사고는 이제 '어쩌면 난 유능해.'가 된다. 이제 당신의 가정은 무엇인가? 당신은 어떻게 행동할 것인가? 그런 다음 피드백은 무엇이 될 것인가? 당신의 새로운 신념은?

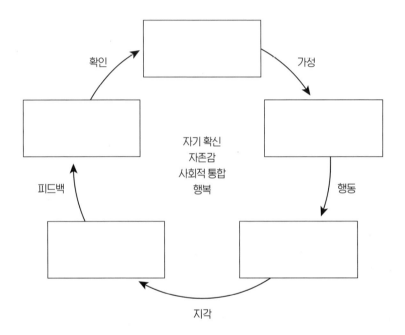

당신이 몇 가지 다른 사례를 별도의 종이에 작업했다면, 지금 그 종이로 돌아가 긍정적이고 낙천적인 관점에서 그것들을 다시 시작하라.

이제 당신은 매일 모든 과정에서 더 긍정적인 태도로 연습을 시작해야 하고, 무엇이 일어나는지를 이해해야 한다. 또한 당신이 매일 몇 가지 긍정적인 생각을 연습하여 빨리 그 과정을 진행하는 데 도움이 될 것이다. 여기에는 몇 가지 긍정적 사고인 확언이 있다. 특히 이전에 당신이 상처받았다고 느끼고 부정적이었던 상황에서 확언을 기억해서 말하면 가슴 차크라와 자신의 마음뿐만 아니라 관계와 모든 삶에 심오한 영향을 줄 것이다. 최고의 확언은 자신이 만든 확언이므로 자신에게 잘 어울린다고 느낄 때까지 확언들을 활용하라.

나는 사랑받고 있고 사람들은 나와 함께 있는 것을 좋아한다.

모든 순간 내게 새로운 선물을 준다. 나는 사랑과 감사한 마음으로 이것들을 받을 준비가 되어 있다.

사람들과의 모든 거래는 내게 기회와 가능성을 준다. 나는 사랑과 감사한 마음으로 주고받는다.

나는 존경과 열린 마음, 자애, 연민으로 모든 사람을 맞이한다.

나는 세상이 주는 독특하고 놀라운 선물을 갖고 있음을 안다. 나는 단순히 이완하고 나로 존재하면서 이것들을 세상에 보여 준다.

이제 당신의 확언을 몇 개 더 적어라.

> 집착은 부정적인 결과를 초래하는 경향이 있고 사랑과 연민은 긍정적인 결과를 이끈다.
>
> 14대 달라이 라마

연습 2

준비　이 책/펜

45분 정도 방해받지 않게 하라.

이 연습은 판단을 줄여 자신의 초점을 외부로 전환시켜 세상의 더 많은 부분과 세상에서의 기쁨을 포괄하는 데 도움을 줄 것이다.

우리의 가슴 차크라는 불만스러울 때, 고통 및 비탄, 부정성이 우리를 꽤 자기중심적으로 만든다. 우리는 자기도취에 빠지고 타인에 대한 흥미를 잃는다. 우리 자신으로부터 초점을 바꾸고 타인이 느끼고 행하는 관심을 공유하기 위해 마음을 열면 우리의 처지를 전체적으로 이해하며 우리의 마음을 치유하는 데도 도움을 준다. 하지만 이것이 우리의 어려움을 부정하고 감추는 제안이 아니며, 타인의 삶에 상호의존적으로 관여해 그 사람들을 구조하는 것도 아니다. 약간의 어려움이 있는 누군가에 집중하여 이 연습을 하면 특별한 보상이 따르게 된다.

마음속에 문제를 가진 사람을 떠올리고, 그 사람들의 이름을 여기에 적어라.

그 사람들에 대해 알고 있는 것은?

> 사랑은 당신의 행성 주위 궤도를 도는 당신의 달을 지키는 것이다. 사랑은 당신의 태양 주위를 도는 당신을 지키는 것이다. 사랑은 영혼을 위한 음식이다. 사랑은 치유하는 것이다.
>
> 앤드루 라머

그 사람들에 대해 좋아하는 것은?

그 사람들에 대해 싫어하는 것은?

왜 그 사람들이 하는 대로 행동한다고 생각하는가?

이런 가정은 무엇에 근거하는가?

그 사람들의 삶에서 트라우마에 대해 알고 있는 것은?

그 사람들의 삶에서 트라우마가 행동하는 방식에 (변명이 아니라) 이유가 될 수 있는가?

그 사람들처럼 느끼고 그들이 당한 고통을 겪어야 한다고 생각하는가? 잠시 동안 그들의 입장이 되어 보라. 무엇이 느껴지는가?

필요하다면 가슴으로 그 사람들을 이해하기 위해, 그 사람들을 용서하기 위해 더 가까이 다가갈 수 있는가?

당신의 가슴은 어떻게 느끼는가? (용서는 항상 가슴 차크라에서 특별한 치유 효과를 가진다.)

이 연습을 마치기 전에, 그 사람의 행동이 당신 자신의 어떤 부분을 반영하는가? (거의 항상 우리가 좋아하거나 싫어하는 사람은 우리에 대해 뭔가를 반영하고 있다. 우리가 자랑스러워해야 하는 좋은 것이든 우리 자신에 대해 좋아하지 않는 것이든, 그 다음 햇빛을 가져와 치유할 수 있다.)

> 사랑은 모든 기쁨의 완벽한 합이다.
> 토비아스 흄

떠오른 기억은?

연습 3

준비 이 책/펜/여분의 종이/봉투

30~45분 정도 방해받지 않게 하라.

그 다음 3~4일 후에 45분간, 그리고 3~4일 후에 다시 한번 하라.

당신의 슬픔, 걱정 및 좌절에 대해 진한 친구에게 말하는 것처럼 자신에게 편지를 써라. 여전히 당신에게 치유되지 않은 상처들, 당신의 바람과 계획, 목표, 당신이 자랑하는 성공과 일들, 당신에게 미안한 일들에 대해 편지를 써라. 당신의 삶에서 좋은 것과 정말 바라는 변화를 말하라. 당신이 원하는 것을 더 추가한 다음 그것을 적당히 마무리하고 봉투에 넣어 봉한 다음 안전한 곳에 보관하라.

3~4일 후에…….

안전한 곳에서 자신을 편안하게 쉬게 하면서, 눈을 감고 호흡하라. 자신에게 적용할 준비를 하고 친한 친구에게 도움을 요청하라. 준비가 되면, 봉투를 열고 천천히 주의 깊게 연민과 이해심을 갖고 그 편지를 읽어라.

이제 매우 애정 어린 시선으로 친구에게 일어났던 일을 당신이 어떻게 느끼는지를 말하고, 필요한 경우 위로해 주고, 그것이 적절한 곳에 있어서 기쁘며, 무엇을 해야 할지에 대한 제안을 하는 등 모든 부분에 대한 대답을 써라. 어쩌면 당신은 자신의 목록을 만들 수 있다. 마지막으로 당신이 자신을 얼마나 존중하는지를 스스로에게 말하라. 그 편지를 안전한 곳에 보관하라.

3~4일 후에…….

그 편지를 꺼내 친구가 당신에게 해 준 연민 어린 충고를 읽어라. 사랑이 당신의 가슴을 어루만지게 하라. 무엇을 해야 할지를 살펴보고, 시작할 수 있는 곳을 정하라. 당신은 오늘 어떤 작은 변화를 이끌어낼 수 있는가? (항상 뭔가가 있다.) 이제 변화를 이끌어 내기 위해 현실적인 계획을 세워라.

예를 들어, 다음과 같다.

오늘부터 나는 친한 친구를 대하는 것처럼 나 자신을 대하는 것을 기억할 것이다. 내가 나 자신에 대해 뭔가 부정적인 생각을 하거나 말하는 순간마다 나는 그것을 더 적절하고 친절하게 바꿀 것이다.

오늘 전화번호부에서 내가 가입할 수 있는 운동 모임을 찾아볼 것이다.

내일 나는 나 자신에게 꽃 몇 송이를 사 줄 것이다.

나는 나의 안녕감 및 영적 성장을 위해 중요한 것을 구입할 다음 달 예산을 스스로 세울 것이다(예: 힐링 음악, 양초, 크리스털, 향긋한 오일 등).

금요일에는 나의 오래된 수영 자격증을 찾아 잘 볼 수 있는 곳에 걸어 두고, 나의 성취에 자부심을 느낄 것이다.

나는 매일 목욕이나 샤워를 한 후에 좋은 로션이나 오일로 내 몸을 마사지할 것이다. 가능하면 전문 마사지 책을 볼 것이다.

다음 날 동생이 전화를 해 동생의 가족이 주말에 온다고 말한다. 나는 내게 도움이 되는지를 판단하기 위해 곰곰이 생각할 시간을 요청할 것이다.

> 사람은 분노나 증오 같은 부정적 정서의 힘을 사랑과 연민 같은 반대 힘을 길러 극복할 수 있다.
>
> 14대 달라이 라마

연습 4

준비 이 책/펜

안전한 곳에서 30분 정도 방해받지 않게 하라.

나는 나의 마음과 영(spirit)이 좋고 아름다운 일로 가득 채워지기를 바라기 때문에 좋은 소식, 긍정적인 사고, 치유 음악, 즐거운 기억, 사랑의 행위, 달콤한 향수, 부드러운 접촉, 사기를 높이는 광경 등을 즐거운 식사로 먹으려고 한다. 재앙, 살인, 비극이 휘젓는 것을 바라지 않기 때문에 나는 그런 일에 대한 기사를 읽거나 영화나 TV를 보지 않는다. 나는 그것들이 존재하는 것을 알고, 머리를 모래 속에 파묻지는 않을 것이다. 나는 여전히 모든 곳에 있는 피해자와 가해자에게 사랑과 치유를 보낼 수 있다. 마찬가지로, 내가 알고 있는 사람들은 이번 생에 그들 스스로 정한 고통스러운 과제로 투쟁하고 있다.

당신이 자신의 가슴 차크라에 먹일 식사를 살펴보라.

당신은 그것들이 필요하기보다 그것들을 먹을 것이기 때문에 당신의 가슴과 마음이 더 괴로운가? 당신의 일상적인 영적 음식은 무엇인가? (예: 음악, 사랑, 예술, 아름다움, 아니면 폭력 영화, 소문, 나쁜 뉴스 등) 당신이 보는 멜로 드라마가 당신에게 무엇을 가르치는가? 당신은 계획적이고 거짓말하고 속임수를 쓰고 복수를 계획하는 것이 존재 방식을 받아들이는 것이라고 느끼는가? 이제 솔직하게 적어라.

당신의 영적 식사는 당신에게 좋은가? (어쩌면 당신이 신체적 관점에서의 균형을 자신의 몸으로 기꺼이 가져오는지 자기 자신에게 물어볼 수 있다. 당신이 나쁜 음식, 독성 물질, 깨끗하지 않은 물을 먹으면 당신이 생각하는 것이 당신에게 일어날 것인가?)

당신의 가슴 차크라 식사를 향상시킬 수 있는 스무 가지 방법을 적어라. 몇 가지 예를 적어 두었다.

> 누구나 재능이 있다. 드문 것은 그 재능이 이끄는 어둠 속으로 따라 들어가는 용기이다.
>
> 에리카 종

1. 매일 저녁 하루 동안 알아차린 선행을 다섯 가지 적고, 적어도 5명에게 사랑과 빛의 생각을 보내고 선행 목록에 추가하라.

2. 거실에서 살인을 저지르는 비디오를 보는 것을 멈춰라.

3. 내가 약속한 곳에서 적절한 포옹을 하고 다정하게 쓰다듬어라.

4. 매일 작은 봉사 활동을 하라.

5. 드라마 중독에서 벗어나라.

6. _____

7. _____

8. _____

9. _____

10. _____

11. _____

12. _____

13. _____

14. _____

15. _____

16. _____

17. _____

18. _____

19. _____

20. _____

심호흡을 하라. 일상에서 이것들을 결합하는 약속을 하라. 그런 다음 매 순간 자신의 영적 건강을 증진시키는 자기 자신을 축하하라.

명상

명상 1

준비 이 책/펜/안전한 장소

1시간 정도 방해받지 않게 하라.

~~~

이제 당신은 명상 지침을 알고 있다. 그러니 이완하고 편안해지도록 일상에서 규칙적으로 경험하라.

일어날지도 모르는 어떤 것은 단지 기억일 뿐이며 과거에서 온 어떤 것도 지금 당신에게 상처를 줄 수 없다는 것을 기억하라. 당신은 이미 살아남았다.

이번에 당신은 12~16세로 돌아가 그 당시의 사건들, 감정들을 모두 요약하게 된다. 당신은 이미 그것들을 밝혔다. 잠시 시간을 가져라…….

이제 빛이 그 당시 사건들과 사람들 안으로, 주위로, 통과하면서 빛나는 것을 시각화하라. 그 빛이 그 당시 모든 것을 치유하게 하라. 그리고 특히 12~16세에 곤경에 빠졌던 그 부분을 치유하라. 사랑으로 그 빛을 당신의 모든 부분에 비추어 치유하게 하라…….

이제 당신의 가슴에서 나오는 사랑의 한 줄기 빛으로 자신의 아이 자기를 확실하게, 편안하게, 안전하게 감싸 줘라. 아이 자기가 안전하다고 느끼도록 아이 자기를 꼭 껴안아 줘라.

이제 할 수 있으면, 그 당시 그 사람과 그 사건에 용서를 보내라. 당신이 그때 했던 것에 대해 불편하다면 자기 자신에게 치유를 보내라. 자기 자신과 모든 다른 사람을 연민으로 바라보고, 당신을 포함한 모든 사람이 최선을 다하고 있다는 것을 이해하라. 이제 당신이 더 이상 원하지 않는 연결로부터 자신을 놓아줘라. 과거는 과거이고,

과거는 치유될 수 있다. 모든 것은 없앨 수 있다.

이제…… 항상 하는 대로, 당신이 아직 준비되지 않았다고 느낀다면, 멈추어서 눈을 뜨기 전에 자신을 그라운딩하면서 매우 천천히 방으로 돌아오라.

하지만 할 수 있으면, 더 높은 영적 수준으로 올라가 그때 그 사람들이 했던 것이 무엇이든 그들은 그들 자신의 과정 안에서, 그들 자신의 고통과 혼란으로 저질렀다는 것을 이해하라……. 그들을 용서하라……. 연민과 이해로 그들을 놓아줘라.

그리고 이세 할 수 있으면, 좀 더 높은 영적 수준으로 올라가 당신이 이번 생에서 알아야 했던 것이 무엇이든 당신이 그것을 배울 수 있는 유일한 방식으로 이 사람들이 당신을 실제로 가르치고 있었다는 것을 이해하라. 당신이 그들 과정의 일부인 것처럼 그들은 당신 과정의 필요한 부분이었다. 따라서 할 수 있으면, 그들에게 당신을 가르쳐 준 것에 대해, 당신의 삶에서 중요한 역할을 해 준 것에 대해 감사를 보내라, 그리고 그들을 연민과 사랑으로 놓아줘라.

잠시 시간을 가져라.

이제 모든 것은 분명하다. 사랑과 연민이 자신의 아이 자기에게 들어가도록 호흡하라. 당신 자신을 무한한 사랑으로 감싸 줘라. 거기에 평화와 치유가 머물게 하라. 호흡하고 평화를 즐겨라. 당신이 과거를 치유했고 당신의 가슴은 결국 평화에 머물고 있기 때문에 결코 같은 일이 다시는 일어나지 않는다는 것을 알아라.

이제 잠시 시간을 가져라. 준비가 되면 그 방으로 천천히 돌아오라. 심호흡을 하고, 자신의 신체적인 몸을 산소로 충전하라. 자신의 신체적 현존을 다시 한번 자각하라. 손가락과 발가락을 움직여라. 두 팔을 뻗어 자신의 몸을 껴안고 사랑하라. 즐겨라…….

준비가 되면 감은 눈 너머로 돌아가라. 진실로 여기에 있을 때 잘 그라운딩되었는지 확인하라……. 그리고 천천히 눈을 떠라.

∽ ∽ ∽

> 기쁨은 변형을 허용하는 근원이다. 기쁨은 축복하는 것이다. 기쁨은 당신의 진정한 자기이다.
>
> 앤드루 라머

잠시 시간을 갖고, 물을 한 잔 마셔라. 스트레칭을 조금 하라. 그런 다음 원하는 무엇이든 일기장에 적어라. 원하면 마지막 가슴 차크라 명상을 하기 전에 잠시 쉬어라.

명상 2

준비 이 책/펜/안전한 장소
1시간 정도 방해받지 않게 하라.

〜〜〜

이제 눈을 감아라. 자기 자신 안에 있는 안전한 장소로 다시 한번 돌아가라. 당신의 초점을 가슴 차크라로 가져가라. 당신 자신이 가슴 차크라에 있는 아름다운 분홍빛 장미 봉오리를 보게 하라. 장미 봉오리의 잎들은 닫혀 있다. 아름다움이 완전하지는 않지만 꽃봉오리 안에 있는 아름다움을 보라. 천천히 아름다움을 관찰하라. 그리고 준비가 되면, 따뜻함과 빛을 꽃봉오리로 호흡하고, 꽃봉오리가 열리는 것을 지켜봐라. 서로 떨어져 활짝 열리면서 부드럽게 꽃잎들이 움직이기 시작한다. 꽃봉오리의 완전한 아름다움이 열리고 열린다. 놀라울 정도로 완전히 핀 분홍빛 장미. 이제 그것은 절정의 상태로 모든 꽃봉오리의 기쁨 안에서 핀 화려한 꽃이다. 꽃봉오리의 모든 성장 단계가 사랑스럽지만, 이제 꽃봉오리의 가장 충만한 개화에서 완성 단계인 완전히 핀 훌륭한 꽃이 된다.

이 장미를 당신 자신의 꽃에 대한 은유로 보라. 이제 당신은 자신의 온전한 꽃을 피웠다. 당신은 개화의 절정 단계에 있다. 당신은 장미처럼, 충분히 열려 있고, 충분히 피었으며, 멋지고, 아름답고, 훌륭하다……. 이 장미는 자신에게 주는 선물이다. 당신과 당신의 온전한 개화는 세상에 대한 선물이다. 그 아름다움을 잡아라……. 그 웅장함을 잡아라. 당신이 선물이다. 당신 스스로 그 감정을 즐겨라……. 당신 스스로 그 순간을 음미하라. 당신 자신의 성숙 단계인 온전한 개화의 웅장함을 받아들여라. 즐겨라…….

이제 장미의 중심에서부터 사랑의 한 줄기 빛이 나와 당신이 바라는 곳마다 치유와 정화, 순수한 사랑으로 뻗어 나가게 하라. 당신이 사랑의 빛을 내보내면서 당신 또한 그것에 의해 치유되고 있다는 것을 주목하라. 사랑의 빛이 가장 필요한 곳마다 빛나게 하라. ……사랑의 빛이 떨어지는 곳마다 치유되게 하라. 이런 무조건적인 사랑이 세상을 치유하게 하라. 이런 무조건적인 사랑이 세상에서 당신의 무한한 선물이 되게 하라.

원하는 만큼 오래 머물라. 준비가 되면 사랑의 빛이 당신을 영원히 치유하더라도 천천히 멈추게 하라. 당신 자신이 가슴에서 사랑의 빛을 에워싸면서 장미를 붙잡아라.

웃어라……. 당신의 치유를 느껴라. 즐겨라.

잠시 시간을 가져라. 준비가 되면 당신의 초점을 신체적인 몸으로 천천히 되돌려라. 마루에 닿은 당신의 체중을 알아차려라. 당신 자신이 땅에 접촉하여 잘 그라운딩되게 하라. 당신의 마음을 방으로 돌아오게 하면서 천천히 몸을 움직이며 완전히 자각하라. 당신의 눈 너머의 한 지점으로 확실하게 돌아가라. 당신의 신체적인 몸을 느껴라. 두 팔로 몸을 감싸 줘라……. 몸을 꽉 잡아라……. 몸을 사랑하라.

준비가 되면 천천히 눈을 떠라. 잠시 시간을 가져라. 지금 이 순간에 머물러라.

~ ~ ~

확언

나의 가슴은 우주의 모든 것을 위한 사랑으로 가득 차 있다.

사랑의 에너지가 나를 통해 흘러 나를 가득 채운다.

나는 사랑하고, 서로 지지하고, 신뢰하고, 존경하는 관계에 마음을 연다.

이제 당신의 확언을 적어 보라.

> 우리의 사랑은 진행 중인 일이다. 우리는 계속해서 그것을 다듬고, 그것을 연마하고, 그것에 추가하고, 그것을 만든다. 우리가 하고 있다고 생각하는 것이 그것이다. 마찬가지로 사랑이 계속해서 다듬고, 연마하고, 추가하고, 우리를 만드는 것임을 우리는 알고 있다.
>
> 피터 맥윌리엄스

기록지

> 일과 사건을 향한 우리의 관점에 변화를 줌으로써 모든 현상은 행복의 근원이 될 수 있다.
>
> 14대 달라이 라마

제5장

목 차크라

"당신의 영혼에 많은 창을 두라.

우주의 모든 영광이 그것을 아름답게 할 수 있다.

빈약한 신념을 가진 사람의 작은 유리로는

무한한 근원으로부터 빛나는 화려한 광선을 잡을 수 없다.

눈먼 미신을 벗어라.

그 빛이 공평한 창으로 쏟아지게 하라.

하늘만큼 진리 그 자체로 그리고 높이 퍼지게 하라.

당신의 귀를 세상에 없는 별들의 음악 모두에.

그리고 자연의 소리에 맞추어라.

그리고 식물이 태양을 향하는 것처럼

당신의 가슴은 진리와 선함으로 향한다.

천 개의 보이지 않는 손이

그들의 평화의 왕관을 쓴 높이에서

당신을 돕기 위해 손을 내민다.

하늘의 모든 힘이 당신의 힘을 강화시킨다.

반쪽 진리를 밀어내고

온전한 진리를 잡는 것을 두려워하지 마라."

– 랠프 왈도 트라인 –

당신의 영혼에 많은 창을 두라.

우주의 모든 영광이 그것을 아름답게 할 수 있다.

빈약한 신념을 가진 사람의 작은 유리로는

무한한 근원으로부터 빛나는 화려한 광선을

잡을 수 없다.

눈먼 미신을 벗어라.

그 빛이 공평한 창으로 쏟아지게 하라.

하늘만큼 진리 그 자체로 그리고 높이 퍼지게 하라.

당신의 귀를 세상에 없는 별들의 음악 모두에,

그리고 자연의 소리에 맞추어라.

그리고 식물이 태양을 향하는 것처럼

당신의 가슴은 진리와 선함으로 향한다.

천 개의 보이지 않는 손이

그들의 평화의 왕관을 쓴 높이에서

당신을 돕기 위해 손을 내민다.

하늘의 모든 힘이 당신의 힘을 강화시킨다.

반쪽 진리를 밀어내고 온전한 진리를 잡는 것을 두려워하지 마라.

– 랠프 왈도 트라인 –

   뿌리 차크라에서 기본적인 직감과 생존에서부터 천골 차크라를 통해 성욕, 균형, 유연성 및 흐름이 강해진 우리는 태양신경총에서 힘을, 가슴 차크라에서 사랑을 얻었다. 이제 우리는 우리의 진리와 온전함과 독특한 메시지를 세상에 전달하기 위해 온다.

목 차크라 작업을 통해 얻는 기대 효과

- 힘과 명쾌함을 분명하게 전달하기
- 우주적인 진리를 더 많이 이해하기 위해 당신의 가슴이 열리면서 당신 자신의 독특한 진리를 발견하기
- 당신의 독특한 온전함을 더 잘 이해하기
- 당신이 온전함의 진정한 의미를 이해하면서 판단 줄이기
- 당신이 누구인지를 외부 세상과 나누도록 언어로 표현하기
- 당신의 소명 발견하기

이제 다음 질문을 살펴보고 당신이 여기에서 해야 하는 작업을 스스로 평가하라.

자기 평가 질문지
1. 당신의 감정을 말로 표현하는 것이 어려운가?
2. 당신은 때로 말을 신중하게 선택하는 것이 어려운가? 의미 없는 말을 무심코 내뱉는가?
3. 당신은 창의성이 막혀 있는가?
4. 당신은 삶의 리듬에 문제가 있는가? 외부의 음악, 아니면 내부의 심장박동, 호흡이나 생리 주기 같은 주기적인 기능을 느낄 수 없는가?
5. 당신은 갑상선에 문제가 있는가?
6. 당신은 듣거나 말하는 것이 어려운가?
7. 당신은 치과 문제나 목, 귀, 코에 문제가 있는가?
8. 당신은 16~21세에 트라우마나 문제가 있었는가?
9. 당신은 누군가가 말하고 싶을 때, 아니면 사람들이 말을 마치고 당신 차례일 때 이런 사회적 신호를 포착하는 것이 어려운가?
10. 당신은 느긋하게 대화를 하기보다 사람들과의 대화를 방해하는가? 아니면 비교하는가?
11. 당신은 때로 할 말이 거의 없는 자신을 발견하는가? 그런 다음에는 의미 없는 말을 퍼붓는가?

	12. 당신은 옳고 그른 것을 스스로 결정하는 것이 어려운가? 대신 다른 사람의 논리를 따르는가? 아니면 아무것도 결정하지 못하는가?
	13. 이게 당신이 정말 사랑하는 그 사람일지도 모른다고 매번 생각하면서 이리저리로 방황하는가?
	14. 당신은 더 잘 보이기 위해 거짓말하거나 과장하는가?
	15. 당신은 시간을 내 즐기거나 즐거운 시간을 보내지 못하면서 자신과 삶을 매우 심각하게 생각하는가?

주: 대부분의 문항에 체크한 경우 목 차크라에 문제가 있을 가능성이 있다. 이제 그것을 치유할 수 있도록 목 차크라에 대해 학습하자.

목 차크라의 기초

- **위치**: 목 앞쪽에서는 수평으로 빛나지만 다른 차크라와는 달리 몸의 뒤쪽에서는 각도가 약간 올라간다.

- **색**: 목 차크라는 맑고 밝은 파란빛 또는 청록빛으로 회전한다.

- **활성화와 발달**: 목 차크라는 16~21세에 발달하기 시작한다. 모든 차크라와 마찬가지로 목 차크라의 성숙은 삶 전반에 걸쳐 계속된다. 46~51세에, 그 후 76~81세에 다시 집중한다.

- **특별한 연결**: 목 차크라는 천골에서 시작하는 창의성을 표현하므로 천골 차크라와 관련 있다.

- **관련 감각**: 목 차크라는 자기표현을 포함한 듣기와 언어 감각을 지배한다.

- **관련 림프**: 갑상선과 부갑상선에 영향을 미친다. 갑상선은 성장, 체온 조절, 에너지 생산, 탄수화물과 지방 대사 작용, 또한 어린 시절 지적 발달 측면을 지배한다. 부갑상선은 칼슘 대사와 관련이 있다.

- **신경학적 연결**: 목 차크라는 후두신경총과 연결되어 있다. 후두신경총은 인후, 후두, 혀, 구개 및 팔에 공급하는 상완신경총을 공급한다.

- **관련 오라**: 다섯 번째 오라층인 에테릭 템플릿(때로는 케테릭 몸이라 불림)과 관련이 있다. 에테릭 템플릿은 항상 신체적인 몸 일부의 상실을 초래하는 트라우마나 수술을 하더라도 완벽한 신체적인 몸의 형판을 항상 유지한다.

목 차크라의 기능

- **언어적 표현**: 소통과 대화를 통해 세상과 공유한 우리의 사고는 우리가 누구인지를 표현하는 데 도움을 줄 뿐만 아니라 동시에 우리의 말을 듣는 모든 사람을 우리의 세상으로 초대한다. 상호 교환을 통해 모든 사람은 보상을 받는다.

- **청취와 경청**: 적극적이고 주의 깊은 경청은 좋은 의사소통의 고리를 완성하면서, 우리가 말한 모든 것, 모든 뉘앙스, 멈춤, 구두점을 듣게 하고, 메시지에 대한 이해를 더한다.

- **비언어적 소통**: 이해는 타인의 움직임과 태도로부터 우리가 받아들인 신호에 의해 더 향상된다. 때로 비언어적인 의사소통인 신체 언어는 말하고 있는 말보다 더 많은 말을 한다.

- **내적 소통**: 우리는 몸의 소리와 지속적으로 우리에게 주는 신호, 천천히 우리를 안내하는 영혼의 소리, 끊임없이 수다를 떠는 마음의 소리, 그리고 그것의 더 높은 지혜가 지속적인 배경으로 항상 존재하는 우주의 소리를 들으면서 내적으로 소통한다.

- **재치, 유머, 즉흥**: 약간 지나친 재치와 유머는 성격의 일부이지만, 잘 발달된 목 차크라는 감정, 사고, 직관 및 인상과 연결된다. 그리고 우리가 재치와 유머로 그것들을 자연스럽게 표현하게 한다.

- **진리와 그것을 향상시키는 능력과 의지**: 전 우주의 진리는 동시에 그리고 지속적으로 우리 모두에게 유용하지만, 우리가 얼마나 많이 의식적으로 자각하는가는 우리의 성장과 경험에 달려 있다. 따라서 진리에 대한 우리의 이해는 정적(靜的)인 사실일 뿐 아니라 살아 있고, 지속적으로 변화하고 역동적인 과정을 발달시킨다. 다행스럽게도, 우리가 이전에 믿고 있던 것을 무효화시킬 수도 있지만, 우리가 그것에 대해 알고 있는 대로 진리를 표현하는 용기를 갖고 있다.

- **진실성과 도덕성**: 진실성은 우리가 그것에 대해 알고 있듯이 진실의 기능이며, 우리의 정서적·정신적 상태이고 개인적 상황이다. 따라서 우리의 진실성은 매우 개인적이다. 당신이 수용할 수 없다고 생각하는 뭔가를 스스로 하게 할 수 있고, 반대의 경우도 마찬가지이다. 도덕성은 오랜 시간 동안 변화한다. 우리는 10대나 20대에 꽤 행복하게 했던 것을 지금 도덕이라고 여기지 않을 수도 있다. 우리의 진실성과 도덕성을 위협하는 태도로 행동하면 우리에게 죄의식, 수치심, 후회 및 슬픔의 대가를 치르게 한다.

- **창의성**: 천골 차크라에서 떠오른 아이디어는 목 차크라에서 표현된다. 우리의 독특한 선물인 목 차크라는 건강한 미간 차크라의 도움으로 무엇이든 그것들을 표현하고 세상과 나누는 용기를 갖는 데 도움을 준다.

- **소명**: 우리의 가슴은 우리가 가야 하는 방향으로 우리를 이끄는 경향이 있고 미간 차크라가 직관을 보태지만, 목 차크라는 진리, 진실성, 창의성 및 의사소통을 모두 가져와 현실에서 우리의 열정과 목적 있는 소명을 갖게 한다.

- **투청**: 투청은 외부 자극 없이 내면의 소리를 듣는 선물인데, 갑자기 나타나지만 우리가 '듣는' 앎으로 더 많이 인식할 수 있다. 심지어 들을 수 없는 사람들도 투청을 계발할 수 있다.

- **채널링과 영매 능력**: 지난 30~40년 동안 채널링이라는 고대 선물의 특징이 변화해 왔다. 그리고 많은 사람이 더 높은 영혼의 측면에 대한 존재와 소통하고, 우리가 이해하는 언어로 거의 모든 주제에 대한 지혜와 가르침을 접근하기 위해 열려 있다. 영매 능력은 최근 지상에 살았던 사람들의 영혼과의 소통을 가능하게 한다.

- **텔레파시**: 목 차크라와 미간 차크라는 조화롭게 작용하면서 말이나 신체의 청력의 자극 없이 정보를 바로 전달하거나 수용하게 한다. 우리는 몇 가지 측면에서, 특히 우리가 사랑하는 사람이나 잘 통한다고 느끼는 사람과 텔레파시를 이용할 수 있다. 어머니는 자기 자녀에게 귀를 기울인다. 연인은 종종 상대방이 생각하는 것을 안다. 아니면 누군가가 우리에게 전화할 때 우리는 그 사람에게 전화할 생각을 한다.

- **관련 신체 부위**: 목 차크라는 목과 어깨, 얼굴 하부를 지배하고, 눈을 포함하지는 않는다. 즉, 귀, 코, 인후, 치아, 혀, 경추, 성대, 갑상선과 부갑상선을 포함한다. 기도와 식도는 목 차크라와 관련이 있고, 가슴 차크라, 태양신경총 차크라와도 각각 관련이 있다.

일이 잘못되는 경우

목 차크라의 발달 시기에 트라우마를 입었거나 이후에 목 차크라 부위에 상처를 입었을 경우, 아동기에 다음 중 몇 가지 어려움을 겪었을 수도 있다.

- **의사소통 부족**: 의사소통의 모든 측면—그것의 명료한 말(물론 생각을 반영한다), 구문론, 억양 및 볼륨, 말하고 있는 모든 것을 듣고 진실로 경청하기, 말 이면의 메시지를 진실로 듣는 데 도움을 주는 주의 집중—에 방해를 받을 수 있다. 종종 언어적·비언어적 신호 사이의 모순은 우리와 소통하려고 하는 사람들을 당황하게 한다.

- **진리에 대한 정보를 알려 주려는 의지가 없음**: 우리가 지속적으로 사용할 수 있는 새로운 정보를 통합할 수 없거나 의지가 없으므로 우리는 낡은 생각과 신념, '진리'에 완고하게 고착되어 있다.

- **거짓말하기**: 진실을 인정하고 말하는 용기는 도전이다. 거짓말을 쉽게 선택해 결국 습관이 된다. 결과를 위해 진실을 과장하고 꾸미는 것은 사실 거짓말이다.

- **유머 감각 부족**: 재치 있고 웃으며 타인의 유머를 인정하는 것이 우리에게는 없다. 우리는 삶에서 많은 재미를 놓치고 있다.

- **스스로를 지나치게 진지하게 대하기**: 즐거움과 밝음, 우리 자신(다른 사람이 아니라)의 삶에서 웃는 능력이 부족하면 자기 자신과 삶을 매우 진지하게 대하도록 만든다. 그리고 우리는 함께 있는 것이 진지하고 힘들어진다. 안타깝게도 우리 스스로가 종종 타인의 농담 대상이 되기도 한다.

- **창의성 차단**: 목 차크라 문제는 창의성을 차단하고, 표현하는 아이디어나 꿈의 결핍으로 언뜻 보기에는 모든 사람이 축제를 즐기는 것처럼 보이는 색깔 없는 세상에 살고 있는 자신을 발견한다. 게다가 우리는 종종 이런 재미없는 세상이 실재하는 세상이라고 느끼고, 그래서 세상을 변화시키려는 도전을 하지 못한다.

- **올바른 직업이나 소명을 발견하는 데 어려움**: 연이은 직업은 초기에는 약속한 것처럼 보일 수 있지만 드물게 뭔가를 만족시키고 가치 있는 것으로 발달하기도 한다. 목적과 소명은 좀처럼 개념화될 수 없다.

- **부도덕한 삶 살기**: 개인의 진실성에 기초한 윤리 체계의 발달은 어렵다. 우리는 부도덕한 삶을 살 수도 있고, 어떤 사람은 자신의 원칙으로 형성되기보다 우리가 채택한 경직된 도덕적 규정을 따른다.

- **신체 증상**: 인후염 재발, 감기, 이하선염, 목과 어깨 통증, 치과 문제 등 아주 많다. 갑상선 기능저하증과 기능항진증도 있다. 먼저 무기력, 체중 증가, 기분 저하, 거친 피부와 머릿결로 나타나고, 나중에는 체중 감소, 불안, 수면 부족, 에너지 상승으로 안절부절 못하고 흥분 상태가 된다.

목 차크라를 위한 오일과 젬스톤

- 라벤더와 히아신스 오일은 부드럽게 진정시킨다. 반면에, 파촐리와 흰색 머스크는 창의성을 자극하는 데 도움을 준다.
- 터키석은 의사소통, 창의적 표현, 정서적 균형을 증진시키는 데 도움을 주고, 명상을 더 깊어지게 하고, 직관을 분명히 한다. 또한 행운과 번영을 가져오고, 사랑과 우정을 유지한다고 한다.
- 플루라이트는 우리에게 정의를 지지하는 데 도움을 주고, 억압에 대항해 진실을 말하는 데 도움을 준다. 그리고 우리의 창의력을 자극하고 기술을 배우는 데 도움을 주어 우리의 잠재력을 발휘하는 데 도움을 준다.
- 블루 레이스 애거트는 우리에게 중심을 잡고 차분하게 하는 데 도움을 준다.
- 아콰마린은 더 분명히 생각하게 하고, 스트레스를 줄여 주며, 창의력을 증진시키는 데 도움을 준다.
- 라피스라줄리는 갑상선을 강화하고, 창의적인 표현에 더 큰 영감을 주고 활력을 증진시키면서 사이킥 능력을 강화한다.
- 실버는 화법 개선과 더 높은 자기(higher self)의 신념을 강화하는 것으로 알려져 있다. 그래서 이런 돌들을 실버 주얼리로 가공하여 착용하면 좋다.

자기 탐색

이제 치유가 필요한 것에 빛을 가져오자. 당신의 기억이 멋지든 고통으로 가득하든 그것들을 여기에 적어 보자.

호흡하라. 심호흡을 몇 번 하라. 당신의 삶에서 이 시기에 집중하면서 마음에 떠오른 것을 기록하라.

첫 번째 시기

16~21세에 기억나는 것은?

이 시기에 가장 중요했던 사람은? (가족, 스승, 친구, 당신을 사랑했던 사람, 당신에게 상처를 준 사람 등)

그 당시 그 사람에 대한 나의 감정은?

두 번째 시기

46~51세에 내 삶에서 일어난 일은?

삶을 살아가는 두 가지 방식이 있다. 하나는 기적은 전혀 없다는 것이다. 다른 하나는 모든 것이 기적이라는 것이다.

알베르트 아인슈타인

내 삶에서 중요했던 사람은?

그 당시 그 사람에 대한 나의 감정은?

필요한 경우 큰 걸음을 내딛는 것을 두려워하지 마라. 두 번의 작은 점프로는 협곡을 건널 수 없다.

데이비드 로이드 조지

세 번째 시기

76~81세에 내 삶에서 일어난 일은?

내 삶에서 중요했던 사람은?

그 당시 그 사람에 대한 나의 감정은?

이 모든 것이 나에게 준 것은

당신의 삶에서 얻은 긍정적인 영향을 여기에 적어라(예: 나는 나 자신을 지지하는 것을 배웠다. 나는 문제에 직면하는 것을 배웠다. 나는 나 자신을 치유하기 시작했다. 나는 너무 아파서 도움을 받아야 했다). 지금 긍정적인 영향을 알 수 없다면, 이 부분은 그냥 넘어가라. 그것들이 떠오르면 그때 다시 돌아오라. 마치고 나면, 용서하고 치유하며 내면의 평화를 끌어오는 자신의 능력을 상당히 증가시키는 두 가지 명상을 하라.

이제 당신은 목 차크라와 마음속에 목 차크라의 문제를 갖고 있다. 그것을 치유하자.

연습

다음의 연습들은 정서적으로나 신체적으로 과거의 고통을 극복하고, 나아가 균형 잡히고 조화로운 미래로 나아가는 데 도움을 줄 것이다.

연습 1

준비 이 책/펜/여분의 종이/계획표나 약속 일지
첫날은 30분 정도, 그다음부터는 매일 아침 일어날 때와 자기 전에 잠깐 동안

감사한 태도로 살면 우리가 모든 것에서 선물과 기쁨을 보기 시작하면서 우리의 삶을 완전히 변화시킬 수 있다. 하지만 감사는 파트너나 친구, 동료나 신에게든 일반적으로 말로 표현해야 한다. 사람들의 재능과 우정에 대한 이해, 그리고 삶에서 단순히 그들의 존재는 당신과 그 사람들을 치유하는 데 도움을 줄 것이다. 내면의 감사도 괜찮고, 고요한 기도가 적절할 때도 있다. 하지만 당신은 자신의 가슴과 자신의 목을 열어 언제든 감사를 보낼 수 있다. 감사를 일기로 쓰든 편지로 쓰든 당신은 삶에서 새로운 진동을 만들게 된다.

당신은 오늘 무엇을 감사하는가? 최소한 다섯 가지를 적어라.

1. ---
2. ---
3. ---
4. ---

5. _____

(원하면 여분의 종이에 계속하라. 매일 이 작업을 하면서 목록이 점점 더 길어질 것이다.)

당신이 감사하다고 말해야 하는 사람은?

_____

_____

_____

_____

_____

_____

_____

_____

> 태양 아래 있는 항아리는 항상 항아리일 뿐이다. 도자기가 되기 위해서는 용광로의 뜨거운 열을 견뎌야만 한다.
>
> 밀드레드 위테 스투벤

어떻게 감사를 전하려고 하는가? (예: 어머니에게 편지 쓰기, 친구에게 전화 하기, 세상으로 침묵의 기도 보기)

_____

_____

_____

_____

_____

_____

_____

_____

이제 감사를 전하는 날짜를 적어라. 오늘이 좋을 것이다! 그것들을 약속 일지에 옮겨 적어라.

마지막으로 아침저녁 잠시 동안이라도 마음속으로 감사하는 시간을 가지겠다는 약속을 하라. 비가 내려 꽃이 자라든, 집으로 가는 길을 방해한 그 사람이 때로는 당신이 어떻게 운전하는지를 생각하게 만들든, 당신 주위의 사람이 멋지든, 그 누군가가 미소 짓게 하고 당신을 행복하게 하든. 일단 우리가 더 많이 자각하기 시작하면 우리가 감사할 수 있는 선물이 단 한마디나 행동 안에 들어 있다. 모든 것을 긍정적으로 재구성하는 도전으로 당신 자신을 즐겨라. 예를 들어, 나에 대해 신랄하게 비판한 사람은 내가 그것을 어떻게 하는지, 다른 사람들이 어떻게 느끼는지를 내가 생각하도록 만들었다. 내가 그것을 하는 것이 아니라 지금 의식하게 된다. 종종 우리가 좋아하지 않는 그 일은 우리 자신의 무엇인가에 빛을 가져오는 기회를 우리에게 주는 것들이다. 지금은 그것이 훌륭한 선물이 아니지만 말이다.

연습 2

준비 이 책/펜

최소한 1시간 정도 방해받지 않게 하라.

나중에 시간을 변경하라.

30분 정도 당신이 필요한 목록을 만들어라.

한나절 동안 이 모두를 실행에 옮겨라.

이 연습은 외부 공간을 목표로 하지만, 모든 것은 모든 것의 확장이라는 것, 그래서 우리가 어디에 있는지, 어떻게 사는지, 외부에서 일어나는 것 등이 우리 존재의 모든 부분에 심오한 영향을 미친다는 것을 마음에 새겨라. 여기에서 당신은 당신의 공간을 소리로 정화한다. 마찬가지로 소리는 당신 내면의 공간을 정화하는 데 도움을 주는데, 목 차크라가 정화되기 때문에 치유를 가져오고 창의성을 증진시키며 청력을 키우고 의사소통 기술을 강화한다. 나는 당신의 거실에서 시작하라고 제안하고 싶다. 그런 다음 준비가 되면 밖으로 나가라. 일단 집 안이 정화되면, 아름다운 소리를 외부 어디에 둘지 찾는 것이 좋다―윈드 차임, 바람에 부대끼는 식물들, 새들을 정원으로 오도록 부추기는 것 등. 하지만 당신의 외부 공간을 다른 사람과 함께 사용하고 커다란 소음이 그들의 취향에 맞지 않을 수도 있다는 것을 알고 있어라. 당신의 직장을 잊지 마라. 마찬가지로, 여기도 당신의 취향과 다른 사람의 취향이 같지 않다는 것을 알라―훌륭한 소통과 합의하는 기술을 연습할 좋은 시간이다!

물론 당신은 노래하고, 손뼉을 치고, 챈팅을 하고, 드럼을 치고, 싱잉볼을 사용해 자신의 소리를 만들 수 있다. 당신이 선택하는 것마다 나는 그것이 자신의 공간에 만들어진 에너지와 자신의 개인 에너지 사이의 차이를 보고 놀랄 것이라 생각한다. 노력하라!

먼저, 이 방 저 방으로 다니면서 모든 혼란을 정화하라. 한동안 이것을 하지 않았다면 바로 정화해 보라. 한 번에 너무 많이 정화하면 당신이 사용한 에너지의 균형이 깨져 이상하게 느껴질 것이다. 한 번에 방 하나씩 아니면 심지어 벽장 하나씩 시작하라. 그런 다음, 다음에 정화할 날짜를 정하라. 혼란이 정화되면 그다음 당신은 그 에너지를 분명히 하는 소리의 힘을 사용해 당신의 집 안이 더 좋아질 것이다.

특히 당신을 즐겁게 하는 소리를 여기에 적어라(예: 인간의 소리, 새소리, 음악―나는 색소폰과 드럼 소리에 황홀해진다―벨소리, 윈드 차임, 바람 소리, 천둥소리, 흐르는 물소리, 빗소리, 싱잉볼―이것들은 내가 좋아하는 소리들이다).

> 우리가 자신이나 타인을 모방하는 것을 멈출 때 우리 자신의 특별한 천재적인 특성을 발견하게 된다. 자기 자신이 되는 것을 배워 타고난 채널이 열리게 하라.
> 타오스족 거웨인

이것들을 집 어디에 둘 것인가? (한 방씩 따로 메모를 하면서 집 안을 거닐어라.)

이제 당신이 필요한 것을 수집해서 그것을 집 주위에 둘 날짜를 정하라. 물론 당신은 창문을 열고 음악을 즐기거나(지나치게 큰 소리면 안 된다. 이웃을 기억하라.) 손뼉을 치면서 집 안을 돌아다녀라. 구석구석 가구 뒤도 잊지 말고 에너지를 깨우면서 거미집도 걷어 내라.

마지막으로 주위를 걸어 다니며 당신이 만든 에너지를 느끼기 위해 다양한 의자에 앉아 보라. 즐겨라!

당신이 안전한 삶을 즐긴다면 당신은 성장을 원치 않는 결정을 한 것이다.

설리 허프스테들러

연습 3

1부와 2부 연습이 있다.

준비

• 1부
이 책/펜
1시간 정도 음반 가게를 둘러보라.

• 2부
이 책/펜/여분의 종이/오디오 시스템
안전한 곳에서 1시간 정도 방해받지 않게 하라.

음악은 가장 마음에 영향을 주는 물질로 인간에게 알려져 있다. 음악은 합법적이다. 당신의 취향이나 기분이 어떻든, 당신이 뿌리 차크라를 위한 그라운딩 조각으로 땅을 선택하든, 천골 차크라의 물 원소로 변하는 흐르는 조각이든, 태양신경총을 위한 강력하고 감동적인 서사시든, 가슴 차크라를 위한 친절하고 좋아하는 어떤 것이든, 그것들 모두는 여기 목 차크라에서 인지된다. 당신이 잃어버렸고 내면에서 발견할 수 있는 치유를 위한 음악은 차에서 듣거나 파티에서 춤을 추는 음악과는 다를 수 있다. 하지만 약간 움직임을 보태면 많은 수준에서 당신에게 좋다. 어쩌면 당신은 댄스 음악도 포함시킬 수 있다. 당신은 이미 좋아하는 음악이 있을 것이다. 하지만 좋아하는 음악이 없다면 음반 가게로 가서 대충 훑어보고, 당신을 치유 공간으로 끌어들이는 음악을 찾아라. 내가 좋아하는 음악 목록은 『The 7 Healing Chakras』에 있다.

좋아하는 음악을 여기에 적어라. 적어도 각 차크라에 하나씩 적어라.

> 평화는 아무것도 없는 것이 아니다. 평화는 창조적이고 역동적이고 살아 있다. 평화는 우주 공간을 가득 채우는 것이다. 평화는 사랑의 밤이 되는 날이다. 평화는 적극적이고 활력이 있고 매력적이다. 평화는 빛나고 따뜻한 태양의 불이다. 평화는 당신이 삶의 정원에서 재배하는 해바라기이다. 평화는 당신 자신과 지구상의 모두를 위한 당신의 꿈을 추구한다.
>
> 앤드루 라머

이제 자신을 위한 시간을 잠시 가져라. 전화기도 끄고 안전한 곳에서 편안하게 자신을 진정시켜라. 오디오 시스템을 준비하고 많이 움직이지 않으면서 스위치를 켤 수 있도록 준비하라. 이 연습을 앉아서 하든 누워서 하든 좋아하는 대로 하라. 눈을 감아라. 몇 번 심호흡을 하고 목 차크라에서 아름다운 연한 파란빛의 꽃을 상상하고, 꽃잎이 열리는 것을 지켜보라. 음악을 틀고 그 소리가 당신이 가야 하는 곳마다 들리게 하라. 원하지 않으면 직접 들을 필요는 없다. 열린 목 차크라를 통해 당신에게로 흐르게 하라. 음악의 일부가 되라. 음악의 힘을 느껴라.

당신이 움직이기 전에 그 음악이 완전히 끝나게 하라. 이제 마음속에 있는 무엇이든 그것 자체를 다음 종이에 비워 내자. 필요하면 여분의 종이를 사용하라. 문법, 맞춤법, 의미가 통하는지에 대한 걱정은 하지 마라. 전달해야 하는 것마다 손을 계속 움직여 쏟아 내라. 생각하려고 하지 마라. 그냥 흐르게 두고 종이에 적어라. 마쳤다면 앉거나 누워서 잠시 시간을 보내면서 스스로 치유가 일어나게 하라. 일상을 다시 시작하기 전에 잘 그라운딩되었는지 확인하라.

> ······그 후 그날이 왔다. 봉오리에 팽팽히 맞서는 위험이 꽃피는 데 걸린 위험보다 더 고통스러웠을 때.
>
> 아나이스 닌

연습 4

준비 신성한 장소 혹은 자신의 소리로 만들어 편안하게 느끼는 장소
45분 정도 방해받지 않게 하라.

이 연습은 자신을 위한 치유 도구로 자신의 목소리를 사용하기를 권한다. 당신의 목 차크라를 분명하게 하고 치유되며 삶의 모든 측면 및 전 우주에도 도움이 될 것이며, 당신이 방사하는 진동이 이제 모든 것을 영원히 어루만질 것이기 때문이다.

챈팅은 신성한 수행의 일부로 단어나 소리를 반복적으로 말하거나 노래하는 기법이다. 그리고 명상 도구로서 자각을 강화하고 중심에 집중시키는 데 효과적이다. 당신이 사용할 수 있는 고대의 챈트나 기도가 있다. 아니면 당신이 원하는 단어나 소리가 무엇이든 스스로 만들 수 있다. 자신의 이름을 챈팅하면 매우 효과적이다. 조용히 시작하라. 그런 다음 목소리의 톤과 힘, 구조를 바꾸면서 그것이 만드는 차이를 알아차려라. 종종 넘치는 자기애와 자부심이 이런 단순하지만 강력한 연습을 함으로써 해소된다.

챈트, 만트라, 또는 자신의 확언을 소리 내는 데 '옴'이라는 단어가 강력하다.

이제 눈을 감고 잠시 동안 목 차크라에 집중하라. 그런 다음 당신의 폐를 공기로 가득 채우고 목이 열리게 하라. 단순히 편안하게 느껴지는 어떤 확언을 목을 통해 나가게 하라. 소리 나는 것이 어떻게 좋은지에 대해서는 걱정하지 마라. 목 차크라가 정화되기 시작하면서 이런 확언을 여러 번 소리 내라. 이제 그것의 특징과 구조를 바꾸는 놀이를 시작하라. 당신은 확언을 부드럽고 달콤하게 노래하고, 그런 다음 힘과 활기를 실어서 노래할 수 있다. 당신이 만들고 있는 소리의 진동에 따라 그것이 변하듯 당신의 몸에, 그리고 당신 주위의 공간에 있는 에너지에 주목하라. 당신의 세포에 있는, 근육에 있는, 기관에 있는 진동을 느껴라.

이제 다른 차크라를 선택하고 그 과정을 반복하라. 직감적으로 당신이 소리 내는 음표가 달라질 것이다. 이 차크라의 소리를 즐겨라. 그리고 당신의 몸에, 당신 주위

의 다른 진동에 주의를 기울여라.

각 차크라의 소리를 내면서 차례로 각 차크라에 집중하라.

이제 모든 차크라의 에너지를 당신의 목으로 끌어올려라. 동시에 모든 차크라의 힘으로 목을 열고 영혼의 음표를 소리 내라. 달콤하고 부드럽게 소리 내고, 그런 다음 힘을 실어 소리 내라. 다시 신체 감각에 주목하라.

다시 한번 호흡하고, 할 수 있는 만큼 오랫동안 숨을 참고 영혼의 톤으로 다시 소리를 내라. 목 차크라가 정화되고 치유의 진동이 모든 세포를 어루만지고 당신의 오라를 통해 확장해서 우주로 퍼지면서 그것의 힘이 어떻게 증가하는지 주의를 기울여라. 우주가 지금 당신의 소리를 듣게 하라. 이런 하나의 소리로 당신의 진리와 진실성을 세상으로 확장해라.

의사소통은 당신이 얻은 반응이다. ……당신이 원하는 반응을 얻지 못하면 당신은 적절하게 소통하지 못한 것이다.

『1분 백만장자』
(마크 빅터 한센의 책)

명상

명상 1

준비 이 책/펜

45분 정도 안전한 곳에서 방해받지 않게 하라.

~~~

평상시처럼 편안하게 자신의 호흡에 집중하고 그런 다음 부정적인 것을 내려놓아라. 이완되면 16~21세로 돌아가 집중하라. 이제 당신의 가슴에서 사랑과 빛을 보내고, 그 당시의 자기 자신 주위를 빛으로 둘러싸라. 당신 자신을 친절하게 안아 주고 보호하라……. 부드럽게, 안전하게 사랑으로 안아 줘라. 그때 안아 줘야 했던 것처럼.

당신은 이미 이 시기에 대해 상세하게 밝혔다. 그래서 지금은 이 시기의 모든 것, 사건들, 사람들을 데려와 당신 자신을 치유할 준비를 하라. 그리고 할 수 있으면 그 당시를 정화하고 치유하는 빛과 용서를 보내라.

이제 더 높은 영적 수준으로 이동하라. 어쩌면 당신은 그 당시 당신을 포함해 그 사람들이 했던 무엇이든 그들 자신의 과정 때문에 그리고 그 당시 그들의 삶에서 있었던 곳이기 때문에 그렇게 했다는 것을 이해할 수 있다. 그들은 그들 자신의 상처와 고통 속에 살고 있었다. 당신이 그것을 이해할 수 있다면, 그들에게 연민으로 용서를 보내라. 당신 자신과 그 사람들을 자유롭게 하고 모두를 위해 그들을 내려놓아라.

이제 할 수 있으면 3단계로 옮겨서 당신 자신을 더 높은 영적 수준으로 올리고 다시 보라. 어쩌면 당신 삶의 일부였던 그 사람들이 당신의 성장을 위해 필요한 교훈을 가르치고 있었음을 알 수 있다. 그들은 더 완벽하게 당신을 도와주었고 동시에 당신도 그들을 도와주었다. 이제 할 수 있으면, 사랑과 연민, 감사한 태도로 그들에게 그리고 당신 자신에게 용서를 보내고, 당신 자신을 자유롭게 하라. 그들을 내려놓고 과거를 치유하라.

　준비가 되면 감사를 전하라. 이제 당신의 아이 자기가 평화와 온전함으로 다시 통합되게 하라.

　당신이 원하는 만큼 오래 머물고, 준비가 되면 당신의 신체적 현존을 더 많이 알아차려라. 손가락과 발가락을 느끼고 움직여라. 천천히 스트레칭을 하라. 감은 눈 너머의 그곳을 충분히 알아차리면 심호흡을 하면서 모든 세포를 산소로 가득 채워라. 가능한 한 가장 높은 곳으로 감사를 보내고, 준비가 되면 눈을 떠라.

물을 한 잔 마시고, 원하는 무엇이든 일기장에 적어라.

말씀하시는 진정한 내가 되기를. 내가 말한 진정한 그대가 되기를.
C. S. 루이스

명상 2

준비 이 책/펜

45분 정도 방해받지 않게 하라.

~~~

일반적인 방식으로 이완하고 부정적인 것을 내려놓아라.

이제 천천히 당신의 초점을 목의 앞쪽으로 가져가라. 눈을 감고 그 부위를 시각화하라. 거기에 있는 아름다운 파란빛이나 청록빛을 보라.

모든 방향으로 빛나면서 먼 곳에서 빛나는 그 빛을 보라. 빛을 세상으로 보내면서, 모든 다른 사람의 영혼에게 사랑과 소통을 동등하게 제공하라. 탐조등처럼 소통의 길을 정화하고 있다.

이제 이런 놀라운 빛의 길 아래로 사랑의 메시지를 세상에 내보내라. 원하면 특별한 사람에게 사랑스럽게 집중하라. 그리고 당신이 이런 놀라운 치유의 빛을 내보내면서 이런 명료한 순간의 모든 좋은 의도가 받아들여질 것이라는 확신을 가져라.

절대적인 명료함과 사랑으로 당신이 텔레파시를 통해 전 우주와 소통하면서 메시지를 내보내라. 당신 자신 너머로, 행성 너머로, 시공을 넘어 사랑을 나누는 공간으로 치유를 나누기 위해, 소통을 증진시키기 위해, 모든 곳에 있는 모든 사람에게 선(善)을 증진시키기 위해 당신의 초점을 확장하라. 모두와 소통하기 위해 사랑과 감사와 욕구의 이런 강력한 메시지로 당신의 진실한 길을 정화하라.

이제 당신의 더 높은 선을 위한 모든 정보가 파란빛의 이런 아름다운 길을 통해(당신의 소명에 대한 지혜, 당신의 앞으로의 길, 당신의 궁극적인 진리를 통해) 목 차크라로 들어가게 하라. 정보가 단순히 흐르게 하라. 당신이 받아들이는 것이 절대적으로 순수할 것이라는 것과 당신의 더 높은 선을 믿어라. 그리고 수동적인 수령자가 되도록 이완하라. 당신은 그것이 일어나게 만들 필요도 없고 생각할 필요도 없다.

이제 녹음기의 스위치를 켜거나 책과 펜을 집어라. 자의식 없이 목을 열고 당신의 메시지를 말하라. 당신이 지금 받아들이고 있는 지혜를 영원히 붙잡으면서, 어떤 방해도 없이 그것을 흐르게 하라.

완벽하다고 느낄 때까지 계속하라. 그런 다음 다시 눈을 감고 이완하라. 한 가지 생각으로 모든 차크라가 열리게 하라. 뿌리 차크라의 안정성과 안전함, 천골 차크라의 유연성과 균형, 태양신경총 차크라의 힘과 가능성, 가슴 차크라의 사랑과 연민 모두를 끌어당겨라. 이제 미간 차크라의 비전과 이해에 왕관 차크라의 신성한 연결을 추가하고, 그것들 모두가 목 차크라의 진리와 진실성과 결합하게 하라.

이제 목을 열어 당신 존재의 모든 힘이 단 하나의 확언에 대해 발표하게 하라. 그것이 단숨에 흐르게 하라. 할 수 있는 만큼 오래 호흡을 잡고 있어라. 그런 다음 다시 심호흡을 하고, 다시 영혼의 소리가 들리게 하라. 당신의 진동이 우주의 가장 멀리까지 이르게 하라. 당신의 소리가 세상으로 이동하면서 모든 것이 그 소리에 의해 변화된다는 것을 알아라. 당신이 소리로 보낸 사랑이 전 우주를 어루만지게 하라.

당신의 사랑과 이런 놀라운 치유의 진동을 원하는 만큼 오래 세상과 나누어라. 마침내 그 소리가 멈출 때 치유의 반향이 영원히 갈 것을 확신하라.

당신이 우주에 물어보고 싶은 질문들이 있다면, 어쩌면 당신의 삶에서 소명이나 임무에 대해 지금 물어보라. 그런 다음 당신의 공간을 고요하게 하고, 우주의 소리가 당신에게 사랑과 지혜로 말하게 하라. 우주의 메시지를 당신 존재의 모든 부분으로 받아들여라.

원하는 만큼 오래 머물러라. 마치기 전에 감사를 전하라. 그런 다음 한 가지 생각으로 당신의 차크라가 안전하고 편안한 곳에 가까워지게 하라.

심호흡을 하고, 당신의 신체적 현존을 알아차리기 시작하라. 손가락과 발가락을 느끼고 천천히 움직여라. 스트레칭을 하고, 완전히 깨어나 잘 그라운딩되었다고 느끼면 천천히 눈을 뜨고 방으로 돌아오라.

> 중요한 것은 이것이다. 우리가 뭔가가 되기 위해 어떤 희생을 치르든 순간의 알아차림을 할 수 있다는 것이다.
>
> 샤를 뒤부아

∾ ∾ ∾

물을 한 잔 마시고, 원하는 무엇이든 일기장이나 여기에 적어라.

확언

나는 나의 진리와 진실성을 세상과 나누기 위해 명료함과 사랑으로 열려 있다.

나는 나 자신을 열린 소통으로 나눌 수 있도록 내 목소리를 분명히 한다.

나는 가벼움과 즐거움, 유머와 재치로 세상에서 나의 진동을 상승시킨다.

나는 나의 소명의 길을 따라 움직이기 위해 열려 있고, 나의 진리의 비전을 창조하는 데 있어서 내게 도움을 주는 모든 사람을 환영한다.

이제 당신의 확언을 적어라.

기록지

그는 자연과 하나가 된다. 모든 그녀의 음악에서 그의 목소리가 들린다. 천둥소리에서부터 밤의 달콤한 새의 노래에 이르기까지.

아도니스 셸링

어떤 사람이 자비롭고 이타적이라면 그 사람이 어디를 가든 그 사람은 즉시 친구를 만들 것이다.

14대 달라이 라마

제6장

미간 차크라

"우리의 가장 큰 두려움은 우리가 부족하다는 게 아니다.

우리의 가장 큰 두려움은 우리가 측정할 수 없을 만큼 강력하다는 것이다.

우리를 놀라게 하는 것은 어둠이 아니라 우리의 빛이다.

우리는 자신에게 묻는다.

난 멋지고, 화려하며, 유능하고, 재미있는 사람인가?

실제로 당신은 그렇지 않은가?

당신은 신의 자녀이다.

당신 자신을 보잘것없다고 여기는 것은

세상에 아무런 도움이 되지 않는다.

위축되어 주변 사람들을 불안하게 하는 것은

식견 있는 태도가 아니다.

우리는 우리 안에 있는 신의 영광을 드러내기 위해 태어났다.

그것은 우리 중 몇 사람에게만 있는 것이 아니라

모든 사람 안에 있다!

우리가 우리의 빛을 비춘다면

무의식적으로 다른 사람도 같이 빛을 비춘다.

우리가 우리 자신의 두려움에서 벗어나게 된다면

우리의 존재는 자연스럽게 다른 사람도 해방시킨다."

- 넬슨 만델라의 취임 연설, 1994 -

우리의 가장 큰 두려움은 우리가 부족하다는 게 아니다.

우리의 가장 큰 두려움은 우리가 측정할 수 없을 만큼 강력하다는 것이다.

우리를 놀라게 하는 것은 어둠이 아니라 우리의 빛이다.

우리는 자신에게 묻는다.

난 멋지고, 화려하며, 유능하고, 재미있는 사람인가?

실제로 당신은 그렇지 않은가?

당신은 신의 자녀이다.

당신 자신을 보잘것없다고 여기는 것은 세상에 아무런 도움이 되지 않는다.

위축되어 주변 사람들을 불안하게 하는 것은

식견 있는 태도가 아니다.

우리는 우리 안에 있는 신의 영광을 드러내기 위해 태어났다.

그것은 우리 중 몇 사람에게만 있는 것이 아니라

모든 사람 안에 있다!

우리가 우리의 빛을 비춘다면

무의식적으로 다른 사람도 같이 빛을 비춘다.

우리가 우리 자신의 두려움에서 벗어나게 된다면

우리의 존재는 자연스럽게 다른 사람도 해방시킨다.

– 넬슨 만델라의 취임 연설, 1994 –

미간 차크라는 지휘 차크라로 우리의 삶, 교육과 꿈을 지휘한다. 그것은 우리가 실제로 욕망하는 것을 시각화하고, 지혜, 영감, 통찰, 인지 및 이해로 우리의 더 높은 선물이 무엇인지를 분명하게 하는 차크라이다.

미간 차크라 작업을 통해 얻는 기대 효과

- 지속적이고 놀라운 도구인 자신의 직관을 동경하기
- 당신의 다른 재능에 더하는 이해와 지혜
- 당신이 바라는 것을 시각화하고 그것을 분명히 하는 능력
- 세상에서 당신의 목적과 관련된 더 위대한 비전
- 당신의 귀와 코, 목의 건강 증진
- 가능한 투시력의 계발로 더 많은 통찰 경험

이제 다음 질문을 살펴보고, 당신이 여기에서 해야 하는 작업을 스스로 평가하라.

자기 평가 질문지
1. 당신은 아이디어를 실행하고 삶을 계획하는 것이 어렵다고 생각하는가?
2. 당신은 다른 사람의 신념, 특히 종교나 영성 영역을 비웃는가?
3. 당신은 자신의 삶의 다양한 측면에서 비난할 사람을 찾아내야 하는가?
4. 당신은 시각화하는 것이 어려운가?
5. 당신은 악몽을 꾸는가?
6. 당신은 수면 장애가 있는가?
7. 당신은 다른 사람을 탓하는 것이 재미있는가?
8. 당신은 눈의 피로나 결막염을 갖고 있는가?
9. 당신이 약속을 지키지 않는 경우 주변 사람들이 짜증을 내는가?
10. 당신은 약속을 하지만 지키지 않는가?
11. 당신은 편두통을 앓는가?
12. 당신은 자신보다 더 높은 힘을 인정하고 연결하는 것이 어려운가?
13. 당신은 21~26세에 힘들었는가?
14. 당신은 상상하는 것이 어려운가? 대신에 모든 것을 지적으로 분석해야 하는가?

| | 15. 당신은 직관을 비웃거나 당신이 아닌 다른 사람들에게 주어진 특별한 재능이라고 생각하는가? |

주: 대부분의 문항에 체크한 경우, 미간 차크라에 문제가 있을 가능성이 있다. 이제 그것을 치유할 수 있도록 미간 차크라에 대해 학습하자.

미간 차크라의 기초

- **위치**: 미간 차크라는 눈과 눈 사이, 이마 중간에 있고 뒤쪽도 같은 위치에 있다.

- **색**: 어두운 파랑 또는 보랏빛이다.

- **활성화와 발달**: 전통적으로 미간 차크라는 21~26세에 발달하기 시작한다. 하지만 많은 사람은 두 번째 시기(51~56세) 또는 세 번째 시기(81~86세)가 될 때까지 미간 차크라가 자연적으로 발달하지 않는다. 몇몇 사람은 생애 내내 계발되지 않기도 한다. 가끔 어린 나이에 활발한 사이킥 능력이 조숙하게 발달된 경우도 있다.

- **특별한 연결**: 미간 차크라는 태양신경총 차크라와 특별한 관련이 있어서, 태양신경총 차크라에서 발견한 생생한 본능을 직관으로 완벽하게 연마한다.

- **관련 감각**: 미간 차크라는 시각과 관련되어 있다.

- **관련 림프**: 송과선은 멜라토닌을 분비하는데, 멜라토닌은 수면을 촉진하고 생체 시계와 바이오리듬을 조절하며, 리비도를 지지하고 가능한 노화를 방지하는 다양한 기능을 갖고 있다.

- **신경학적 연결**: 신경학적으로 미간 차크라는 머리와 목, 귀에 공급하는 경동맥 신경총과 연결된다.

- **관련 오라**: 셀레스티얼 몸은 파스텔 색의 빛으로 나타나는데, 몸에서 48~60인치까지 확장한다.

- **비전, 통찰, 인식**: 미간 차크라는 신체적 시각의 해부학적·생리학적 통로이지만, 내면의 시각과 통찰의 장소이기도 하다. 우리의 인식을 분명히 하면서 마찬가지로 우리 자신을 위한, 앞으로 우리가 나아가는 길을 위한 그리고 진짜 모든 세상을 위한 비전을 만들 수 있다.

미간 차크라의 기능

- **영감과 헌신**: 우리는 차크라를 통한 상승에서 신성과의 연결을 더 많이 자각하게 된다. 헌신이 더 깊어지고, 자연스러운 상태에서 영감이 떠오른다. 명상이나 기도에서뿐만 아니라 모든 삶에는 새로운 공경의 마음이 있는데, 우리가 우주의 위대하고 보이지 않는 힘의 안내를 좋아하면 지속적으로 더 많이 자각하게 된다. 우리는 아이디어, 에너지, 지혜, 지식으로 가득한 자신을 발견할 수도 있고, 사랑과 평화에 사로잡혀 옴짝달싹하지 못할 수도 있다.

- **직관**: 미간 차크라에서는 태양신경총 차크라의 생생한 본능이 정제되고 완벽하게 연마되어 결국 직관의 놀라운 선물을 마음대로 다루게 된다. 이제 우리는 마음대로 우주적 진리의 바다로 들어갈 수 있으며, 이전에는 알아차리지 못하고 놓친 우주의 신호를 해석할 수 있다.

- **사이키즘(심령설)**: '초자연적(psychic)'이라는 것은 우리 모두가 부여받은 선물인 매우 정교한 직관이다. 모든 문제의 해결책과 모든 질문의 대답은 우리에게 도움이 된다. 그리고 우리는 약간의 용기와 최소한의 훈련으로 이전에는 인식하지 못한 우주적 지혜를 두드리는 초자연적 기술을 사용할 수 있다. 이런 수준에서 다행스럽게도 우리는 우리의 선물과 윤리적으로 드러나는 것을 다루는 진실성과 존중과 공경으로 통합하는 것이므로 누군가의 사생활에 악용하면 안 된다.

- **지혜**: 이전의 모든 경험이 결합된 지혜의 축복을 받으면, 우리는 이제 가르침 너머의 지혜, 지성 혹은 학문적 배움에 접근할 수 있다.

- **투시력**: 이런 영적 재능은 신체 자극 없이 보는 것으로, 우리가 시공을 넘어 분명하게 보게 한다. 어떤 사람은 몇 가지 수준, 주어진 시간, 그것에 작용하는 의지에 투시력을 사용하는 법을 배울 수 있다.

- **빛과 색**: 이제 우리는 치유와 균형 에너지로서 빛과 색을 지각하는데, 치유를 위해 그리고 우리의 실재를 강화하기 위해 사용할 수 있다.

- **마법, 기적, 현상**: 우리는 미간 차크라를 계발하고 치유하면서, 강력하고 놀라운 이미지를 결국 우리의 실재처럼 분명히 드러내면서 세상으로 투사하기 시작한다. 우리가 우

리의 기술을 생각으로 향상시키면서, 우리는 우리의 더 높은 선과 모두의 더 높은 선이 무엇인지를 분명히 할 수도 있다.

- **치유**: 치유 에너지를 보내는 능력은 건강한 가슴 차크라와 왕관 차크라를 요구하지만, 이런 재능을 충분히 이용하는 우리의 능력은 미간 차크라에서 증가한다. 에너지는 의도를 따른다. 이제 다른 사람의 더 높은 선을 위한 생각과 비전으로 우리는 행성의 가장 먼 곳으로 강력한 치유 에너지를 보낼 수 있다.

- **마음의 메시지**: 미간 차크라는 에테르(공간)를 가로질러 사랑과 치유하는 생각을 적극적으로 보내기 위해 텔레파시를 더 많이 계발하게 된다. 결국 내담자와 접촉하는 주파수를 맞추며 내담자는 갑자기 우리를 생각할 것이고 가능한 한 사랑의 미소로 메시지를 다시 보낼 것이다. 건강한 미간 차크라를 가진 사람은 결코 부정적인 생각을 보내지 않는다!

- **관련 신체 부위**: 미간 차크라는 눈, 시각 통로, 머리를 지배한다. 목 차크라가 목과 귀를 지배하지만, 이 부위들 또한 부분적으로 미간 차크라의 영향을 받는다.

일이 잘못되는 경우

미간 차크라가 미발달되거나 차단되더라도 몇 가지 측면에서 잘 기능할 수 있다. 하지만 지적 총명함은 지혜의 중독, 자기 인식, 합리적인 사고를 초월하는 능력에 의해 향상될 수 있다. 미간 차크라의 발달은 생애 후기까지 자연스럽게 지연될 수 있음을 기억하라.

- **창의적인 생각을 따르지 못함**: 창의성은 천골 차크라와 목 차크라의 기능이지만, 미간 차크라에서 차단되거나 발달이 미약하면 좋은 아이디어를 결코 이루지 못한다. 우리는 결코 이룰 수 없는 계획들, 지키지 못한 약속들, 존중받기를 실패한 공약들, 많은 좌절을 경험한 사람들로 둘러싸이게 된다.

- **자신의 결점을 타인의 탓으로 돌리기**: 우리가 자신 안에서 발견하는 혼란을 자신이 만들었다는 것을 분명하게 알지 못하면, 우리는 자신의 좌절을 투사하고 우리의 삶이 계획을 반만 세우고 꽉 막혀 버린 사실 때문에 타인을 비난한다.

- **성장을 저해하는 비전**: 우리는 억압된 상태, 즉 높은 수준의 통제를 추측할 수 있는 통제된 환경에서도 잘 수행할 수 있다. 그럼에도 우리는 드물게 더 큰 비전에 마음을 열 수 있고, 반대로 다른 사람의 아이디어를 표절할 수도 있다.

- **비웃음**: 무한한 기쁨이 우리를 피하고 신비가 우리의 한계를 벗어나면서 우리는 모든 자료를 줄이고 증거를 요구하는 경향이 있다. 반면에, 비웃는 사람들은 그것들을 망상과 비약적인 상상으로 일축하면서 영적 경이감을 경험할 수 있다.

- **다른 사람 깎아내리기**: 비웃음, 무감각, 전적인 불신은 사물을 다르게 보기 위해 마음을 여는 사람들의 좋은 감정을 짓밟으면서 다른 사람을 잔인하게 깎아내린다. 때로는 세상에 대한 우리의 부정적인 견해가 옳다는 증명을 하려는 것처럼 보인다.

- **신체 증상**: 다른 차크라보다 미간 차크라에는 더 많은 증상이 있으나 신체 문제의 발현은 적을 수도 있다. 하지만 때로는 악몽이나 뇌전증이 실마리를 제공할 수 있다. 시각은 눈의 피로나 결막염 같은 증상에 따라 영향을 받을 수도 있다. 두통과 편두통이 일어날 수도 있고, 기억과 관련된 문제가 있을 수도 있다. 송과선은 수면을 자극하는 멜라토닌을 분비하기 때문에 수면 장애가 있을 수도 있다.

미간 차크라를 위한 오일과 젬스톤

- 바이올렛, 로즈, 제라늄 오일은 미간 차크라에 좋다.
- 라피스라줄리, 자수정, 소달라이트, 서길라이트가 유용한 젬스톤이다.
- 라피스라줄리는 기록을 보면 기원전 1600년대 이전부터 백내장 치료제로 언급되어 있다. 자연적인 항우울 작용을 하며 자각을 높이고 자존감을 상승시키며, 창의성과 자기표현을 하는 데 도움을 준다고 한다. 또한 우리가 사이킥 능력에 마음을 여는 데도 도움을 준다.
- 자수정은 영적 자각을 높이고, 명상을 하는 동안 이전의 중립적인 수준으로 마음을 여

는 데 도움을 준다. 우리의 비전과 지혜를 분명히 하고, 부정성으로부터 우리를 보호하면 우리가 정의감, 공평함 및 평화를 유지하는 데 도움을 준다.

- 소달라이트도 계속해서 우리를 초연하고 객관적으로 보게 하며 우리가 진리를 발견하고 우리의 이상을 따르도록 압박하면서 영적 자각을 높인다.
- 서길라이트는 변화에 대한 압박에도 불구하고 우리의 견해를 유지하는 데 도움을 주며, 또한 갈등이 있을 때 합의를 찾는 데도 도움을 준다.

자기 탐색

> 우리는 우리가 살고 있는 세상처럼 그만큼 활동적이고 복잡한 내면의 세상을 갖고 있다.
>
> 조나단 밀러

이제 미간 차크라의 발달 시기에 일어났던 것을 살펴보자. 그러면 치유가 필요한 시기에 빛을 가져올 수 있다.

호흡하라. 심호흡을 몇 번 하라. 당신의 삶에서 이 시기에 집중하면서 마음에 떠오른 것을 기록하라. 아직 떠오르지 않더라도 걱정하지 마라. 당신이 세 번째 시기에서 이 작업을 하고 있다면 나는 당신을 존경하고 축하한다!

첫 번째 시기

21~26세에 기억나는 것은?

이 시기에 가장 중요했던 사람은? (가족, 스승, 친구, 당신을 사랑했던 사람, 당신에게 상처를 준 사람 등)

그 당시 그 사람에 대한 나의 감정은?

두 번째 시기

51~56세에 내 삶에서 일어난 일은?

내 삶에서 중요했던 사람은?

그 당시 그 사람에 대한 나의 감정은?

세 번째 시기

81~86세에 내 삶에서 일어난 일은?

지혜는 받는 것이
아니다. 우리는 누
구도 대신해 줄 수
없는 여행을 한 후
에 스스로 지혜를
발견해야 한다.

마르셀 프루스트

내 삶에서 중요했던 사람은?

그 당시 그 사람에 대한 나의 감정은?

상상의 눈은 원의 리듬을 따른다. 당신의 비전이 일차원적 목적에 국한된다면 당신은 움직임 형태가 당신에게 가져올 수 있는 비밀스러운 운명을 놓칠지도 모른다.

존 오도나휴

이 모든 것이 나에게 준 것은

당신의 삶에서 얻은 긍정적인 영향을 여기에 적어라(예: 내가 들었던 것과 본 것을 질문해야 했다. 나는 나의 직관을 개발시켜야 했다. 나는 나 자신을 치유하기 시작했다. 나는 너무 아파서 도움을 받아야 했다). 지금 긍정적인 영향을 알 수 없다면, 이 부분은 그냥 넘어가라. 그것들이 떠오르면 그때 다시 돌아오라. 마치고 나면, 용서하고 치유하며 내면의 평화를 끌어오는 자신의 능력을 상당히 증가시키는 두 가지 명상을 다시 하라.

이제 미간 차크라의 치유와 계발을 살펴보라.

연습

다음의 각 연습들은 미간 차크라와 관련된 어려움을 극복하는 데 정서적으로나 신체적으로 도움을 줄 것이다. 그리고 미간 차크라의 발달에도 도움이 될 것이다.

연습 1

준비 이 차크라에 적절한 크리스털 하나(되도록 작고 적당히 정화된 것)/베개 한두 개와 담요
45분 정도 방해받지 않게 하라.
전화기를 꺼라.

이 연습은 미간 차크라를 열고 당신의 직관을 더 충분히 활용하는 데 도움을 줄 것이다.

안전한 곳에서 편안하게 눕는다. 등을 보호하고 편안하기를 바란다면 베개 하나를 무릎 아래에 두고, 원하면 담요를 덮어라. 왼손에 크리스털을 잡고 눈을 감아라. 정수리를 통해 흰빛을 가져오고, 당신의 모든 부위를 정화하고 치유하며 균형을 잡으면서 흰빛이 내려오도록 호흡하면서 조화를 이루게 하라. 다시 심호흡을 하고, 이때 흰빛을 왼손으로, 당신이 잡고 있는 크리스털로 내려오게 하라. 그 빛이 크리스털로 들어와 정화하게 하라. 이제 그 크리스털을 두 눈썹 사이 약간 위쪽인 이마의 중앙에 놓아라. 호흡하고 이완한 채 편안하게 있어라.

이제 당신의 초점을 미간 차크라에 두고, 스스로 내면의 비전에 마음을 열게 하라. 어떤 그림이 그려지도록 허용하라. 그것을 따라 하고, 당신이 할 수 있는 무엇이든 배워라. 그 그림은 당신에게 무슨 말을 하고 있는가? 당신을 도와주는 당신 자신과 당신의 크리스털에 감사하라. 그런 다음 그 그림을 사라지게 하라. 호흡하라.

또 다른 비전이 당신에게 긍정적이고 특히 의미 있는 의도를 갖도록 허용하라. 다시 한번 그것을 따라하고, 그것을 인정하며, 그것에서 배울 수 있는 무엇이든 배워라. 할 수 있는 만큼 오랫동안 계속하고 매번 감사를 하라.

이 연습을 마칠 때가 되었다고 느끼면, 다시 감사를 전하라. 미간 차크라에서 크리스털을 떼어 손에 잡고 있다가 준비가 되면 크리스털을 내려놓아라. 이 연습을 통해 할 수 있는 모든 것을 흡수하면서 잠시 동안 그대로 있어라. 그런 다음 심호흡을 하고, 편안한 쪽으로 누워 낮잠을 자거나 천천히 일어나 앉아라. 그라운딩하고 약간의 물을 마셔라. 스트레칭을 하고, 당신의 인상을 기록하고, 일상으로 돌아오라.

연습 2

준비 이 책/펜/여분의 종이/안전한 장소
45분 정도 방해받지 않게 하라.

이 연습은 당신의 삶을 변화시키고 강화시키는 데 도움을 줄 것이다.

눈을 감고 영화 스크린처럼 투명한 크리스털 스크린과 당신이 움직이는 것을 상상하라. 가까이 그리고 멀리서 찍는 파노라마로 촬영하라. 당신이 바꾸고 강화하기를 바라는 삶의 영역, 즉 관계, 직업이나 가정을 선택하라. 이제 이런 선택된 영역을 스크린 위에 두고, 모든 것을 상세하게 관찰하라. 잠시 동안 그것을 세밀하게 조사하라. 그것을 기억하라.

당신이 바꾸기를 바라는 그것에 대해 싫은 이유는 무엇인가?

당신이 갖기를 원하는 것 중에서 무엇을 놓치고 있는가?

당신은 그것의 어떤 측면을 유지하기를 바라는가?

  그것에 관한 당신의 감정은 어떤가? 당신 자신에게 일어나는 어떤 정서도 허용하라. 그리고 다른 결과와 함께 그것을 기록하라. 당신이 현재 상황에서 실제로 유지하기를 바라는 측면들이 있음을 발견할 수도 있다. 그것도 괜찮다.

  더 이상 지금 삶의 이런 측면을 바꾸기를 바라지 않는다. 지금까지 그것은 당신에게 도움이 되었다. 그것에서 당신이 얻은 것들이 있다. 예를 들어, 대처 기술, 연민, 이해 등은 당신의 성장에 분명히 필요한 것이었다. 마음을 열고 당신이 받아들인 선물을 스스로 알아차리고, 그것을 여기에 기록하라.

> 우리 각자는 누구도 할 수 없는 것을 해야 한다. 누군가가 당신의 운명을 충족시킨다면 그럼 그 사람들이 당신의 자리에 있고 당신은 여기에 없을 것이다.
>
> 존 오도나휴

이제 당신 연습의 일부였던 모든 것을 위한 최고의 장소에 감사를 전하라. 그것들로부터 충분히 배웠다면 내려놓을 시간이다.

그럼, 심호흡을 하라. 심호흡을 하면서 다시 눈을 감고 동일한 스크린을 시각화하라. 하지만 이번에는 그림을 바꾸어라.

당신이 바라는 모든 측면을 바꾸어라(당신은 모든 것을 바꾸면서 온전한 첫 번째 그림을 완전히 지우기를 바라는 자신을 발견할 수도 있다). 그리고 당신이 바라는 것을 상세하게 창조하라. 당신이 옳다고 느낄 때까지 그 그림을 계속해서 조정할 수 있다. 그것이 완벽하다고 느낀 순간(당신은 그것을 항상 다시 바꿀 수 있다), 그것을 면밀하게 살펴보고 당신의 가슴 안에 그 비전을 깊이 넣어 두라. 그런 다음 다시 심호흡을 하고 눈을 떠라.

당신이 창조하고 있는 것에 대한 설명을 기록하라.

이제 여분의 종이에 당신이 창조하는 의도대로 삶의 이런 측면에 대한 설명을 기록하라. 당신은 이제 풍수 원리에 따라 방이나 집의 적절한 곳에 이 종이를 둘 것이다. 당신은 더 나아가 팔괘(bagua)에 해당하는 적당한 색을 종이에 색칠하거나 컬러 펜을 사용하여 이 과정을 강화할 수 있다.

다음 표는 매우 단순화한 팔괘이다. 이는 당신의 기록을 붙여 둘 적절한 장소를 정하는 데 도움을 줄 것이다. 적절한 장소를 정하는 데 있어서 집의 벽이나 주 출입구가 있는 방처럼 표의 아래쪽을 상상하라. 보다시피, 각 영역은 삶의 특별한 측면과 관련이 있다. 예를 들어, 이 연습의 주제가 관계였다면, '종이를 주 출입구에서 멀리 떨어진 가장 우측 구석에 두라.' 등등. 풍수에 관해 더 알기를 원하면 리처드 웹스터(Richard Webste)의 『초보자를 위한 풍수(Feng Shui for Beginners)』(Llewellyn Worldwide, 2012)가 시작하기에 좋은 도움이 될 것이다.

번영 (보랏빛과 황금빛)	명예 (붉은빛)	관계 (분홍빛 또는 붉은빛)
가족 (초록빛)	건강 (노란빛 또는 흙빛)	아이들 (노란빛과 흰빛)
지혜와 교육 (파란빛)	직업 (검은빛)	도움이 되는 사람과 천사들 (회색빛과 은빛)

그 종이를 안전하게 붙여 둔 다음 감사를 전하고, 당신의 의도를 확인할 다음 확언을 사용하라.

나는 나의 더 높은 선과 모두의 더 높은 선을 위해 이제 내 삶에서 이것을 환영한다.

나는 나의 더 높은 선과 모두의 더 높은 선을 위해 이제 내 삶에서 일어나고 있는 긍정적인 변화에 진심으로 감사한다.

당신 삶의 모든 영역에서 이 연습을 반복하라. 당신이 가서 다시 그것들을 읽을 준비가 되었다고 느낄 때까지 적절한 장소에 그 종이들을 붙여 두어라. 연습을 하면서 앞으로 일들이 자유롭게 변화되는 것을 느껴라. 어쩌면 잘생기고 갈색 눈을 가진 얼굴이 유머 감각과 신뢰, 성실보다 덜 중요해졌다. 어쩌면 완벽한 직업은 돈을 많이 버는 직업에서 가족과 함께하는 귀중한 시간을 제공하는 직업으로 바뀌었다(당신은 두 가지를 모두 요청할 수 있지만, 죄의식이나 욕심이 많다고 느끼지 않는다). 당신이 변화를 줄 때마다 당신에게 작용하는 우주의 보이지 않는 힘에게 감사를 전하고 항상 앞의 확언으로 마무리하라.

연습 3

준비 이 책/펜/백수정 하나(암을 앓고 있거나 앓았다면 이 경우에는 대신 자수정을 사용할 수도 있다.)
30분 정도 방해받지 않게 하라.

이 연습은 당신이 투시 기술을 계발하는 데 도움을 줄 것이다. 당신이 이것을 적절히 계발하기를 원한다면 나는 당신이 사이킥 계발반에서 사정을 하고 훈련하기를 권한다.

　어쩌면 당신이 발견할 수 없는 대상이 있다—그것이 우리가 시작할 곳이다. 당신 곁에 당신의 크리스털을 두라. 그것은 당신이 집중하고 마음을 정화하는 데 도움을 줄 것이다.

　눈을 감고 당신의 의식이 가능한 맑아지게 하라. 마지막 연습에서 사용한 동일한 크리스털 스크린을 당신의 의식으로 가져오라. 이제 잃어버린 대상을 마음에 가져와서 그것을 스크린에 놓아라. 가능한 한 할 수 있는 만큼 더 상세하게 그것을 관찰하라. 이제 그 스크린을 계속해서 지켜보면서 한 장면을 떠올려 보라. 처음에는 그것이 매우 상세하지는 않을 것이다. 당신은 색이나 형태를 인지할 수도 있지만 아무것도 없을 수도 있다. 계속해서 집중하고 의식하지 않고 그 장면을 떠올리기 위해 약간의 시간을 허용하라. 빈틈없는 관찰자가 되라. 당신은 그 장면의 일부를 갑자기 인식하는 것(예를 들어, 다른 대상, 집의 일부분, 어쩌면 풍경)을 발견할 수 있다. 계속해서 주의 깊게 관찰하라. 당신이 얻을 정보가 더 이상 없다고 느끼면 천천히 눈을 뜨고, 일어나는 정서를 포함하여 대상과 장면, 모든 단서를 가능한 한 더 상세하게 여기에 기록하라.

때로는 이 설명을 적으면서 더 많은 정보를 알게 될 것이다. 그렇다면 이것 또한 기록하라. 언제든 당신이 그것을 표현하는 이미지로 돌아가야 한다면 그저 눈을 감고 다시 그 스크린을 불러내라. 심지어 정보가 부족하다고 느끼더라도 당신이 발견한 것을 확인하려고 노력하라. 당신은 일어난 것을 보고 놀라게 될 것이다. 첫 시도에서 일어나지 않더라도 용기를 잃지 마라. 이것은 훈련이 필요한 모든 기술처럼 시간이 지날수록 계발되는 기술이다.

항상 일상으로 돌아가기 전에 감사를 전하라.

연습 4

준비 전화번호부/전화기/일정표

당신은 매우 힘든 연습을 했다. 이제 자신에게 보상하고 삶에서 색의 힘을 경험할 시간이다. 당신은 전문가로부터 색 상담을 받음으로써 자신을 깨울 예정이다. 이제 당신의 전화번호부를 살펴보고, 적절한 시간에 전화해서 약속을 하라. 당신의 얼굴색과 성격에 맞는 색을 사용하면 당신의 기분, 외모, 태도, 자기 확신을 완벽하게 바꿀 수 있다. 즐겨라!

명상

명상 1

준비 이 책/펜

30분 정도 방해받지 않게 하라.

~~~

여기에서 우리는 비전, 지혜 및 지휘의 경지에 있다.

당신은 당신 여행의 긴 여정에 와 있고, 당신이 시작했을 때 있었던 것보다 더 정화되고 훨씬 더 건강해졌다. 하지만 우리가 집으로 가기 위한 시간이 올 때까지 해야 할 연습들이 더 많이 있다. 그래서……,

당신이 잠시 동안 신체 자세를 유지하는 데 필요한 만큼 더 지지할 수 있는 안전한 곳에서 자신을 편안하게 하라.

평상시처럼 먼저 자신의 호흡에 집중하고, 몸을 이완하면서 뿌리 차크라와 발바닥 차크라를 통해 부정적인 것들을 내려놓아라. 왕관 차크라를 통해 빛이 들어오게 하고 사랑의 느낌을 가득 채워 당신을 밀봉하면서 정화하고 치유하며 균형을 이루게 하라. 당신은 안전하고 편안하게 느끼며, 이곳에서의 치유는 이제 거의 자동적으로 일어난다. 즐겨라!

이제 부드럽게 자신을 사랑하면서 심호흡을 하고, 21세로 돌아가 자신을 떠올려 그때부터 26세 사이를 스캔하라. 당신의 젊은 성인 자기를 떠올리고, 빛 속에 성인 자기를 감싸며 안전하게 안아 줘라.

당신은 이미 이 시기의 사건들을 드러냈다. 그래서 이제 그것 모두가 치유되도록 감싸라. 잠시 시간을 가져라. 준비가 되면 당신 자신과 그 사람들에게 그리고 그 당시의 사건들에 사랑과 용서의 파동을 보내라.

이제 당신이 이전에 많이 했던 것처럼, 그때 당신에게 상처를 준 누구든 그 사람들 자신의 고통과 과정을 겪고 있음을 당신이 볼 수 있도록 자신을 영적으로 끌어올려라. 그리고 할 수 있으면, 하지만 할 수 있을 때만 사랑과 연민, 이해와 함께 용서를 보내라.

그런 다음 할 수 있으면, 하지만 할 수 있을 때만 그때 당신에게 일어났던 무엇이든 그 당시에 당신의 영적 성장에 필요했다는 것을, 그 당시 당신과 관계된 사람들이 당신의 스승이었다는 것을, 당신이 알아야 했던 것을 당신에게 가르쳐 주기 위해 당신과 좋은 관계를 가질 가능성의 관점에서 더 많이 주어졌을 수도 있음을 이해할 수 있는 더 높은 영적 수준으로 이동하라. 당신이 이것을 인정할 수 있다면, 그때 어쩌면 당신은 이제 용서가 넘치고 당신의 삶의 과정을 바꾸었던 그 사람들에게 감사가 더 적합하다는 것을 알 수 있다. 그러니 할 수 있으면, 그 사람들에게 지금 사랑과 감사를 보내고, 그렇게 함으로써 그들과의 관계를 통해 당신을 가르쳤던 과제를 완성하라. 사랑과 감사와 용서는 최종 과제이다.

이것과 함께 잠시 시간을 가져라. 준비가 되었다고 느낄 때까지 시간을 가져라. 그런 다음 당신의 모든 부분으로 빛을 호흡하고, 연습을 잘 해낸 후에 자신에게 내면의 미소를 보내라.

원하는 만큼 여기에 오래 머물러라. 준비가 되면 다시 심호흡을 하고 이번에는 빛과 사랑, 산소로 당신의 전 존재를 가득 채워라. 그리고 그 방으로 돌아올 준비를 하라. 당신의 신체적 현존을 더 많이 알아차려라. 손가락과 발가락을 움직이고, 감은 눈 너머의 그곳으로 돌아오라. 잘 그라운딩되었는지 확인하고, 충분히 현재를 느끼면 천천히 눈을 떠라.

스트레칭을 하고 물을 한 잔 마시고, 원하는 무엇이든 일지에 기록하라.

다음 명상을 하기 전에 원하는 만큼 충분한 시간을 가져라.

명상 2

준비 이 책/펜

45분 정도 방해받지 않게 하라.

～～～

안전한 곳에 자리를 잡고, 평상시처럼 이완 상태를 유도하라. 당신의 발바닥과 뿌리 차크라를 통해 부정적인 것을 내려놓아라.

이제…… 당신의 초점을 두 눈썹 사이 약간 위에 있는 미간 차크라로 가져가라. 사랑하는 생각만으로 당신의 정수리를 통해 아름다운 빛을 가져와 그것이 모든 부위를 정화하게 하라. 짙은 파란빛을 밝히는 미간 차크라를 시각화하라. 그리고 당신이 지켜보는 대로 그것이 더 많이 열리고 그 빛이 증가하며 당신 앞에서 빛나고 있다.

이제 미간 차크라의 중심을 통해 다른 빛, 즉 이번에는 희고 깨끗하고 강한 빛이 빛난다. 이 빛은 시공을 넘어 빛나는 능력을 갖고 있다.

지금 당신의 삶에서 드러난 사람과 물질 등 그 모든 것은 다른 곳에서 시작했다. 지금 당신과 가까운 사람을 볼 수 없을 때에도 있었다. 한동안 그 사람들이 시공을 넘어서 있고, 당신이 그들을 대하면서 당신을 대하는 그들의 방식이 있었다는 사실에도 불구하고 당신은 그들을 인지할 수 없다. 이제 당신의 삶으로 들어올 준비를 하고 있는 다른 사람들이 있다.

이 순간 당신의 시각을 정화하고 미간 차크라를 통해 빛나는 놀라운 빛을 내려다보라. 이 빛은 당신이 예전에는 볼 수 없었던 시간과 장소에 빛을 발하고 있다. 그곳에는 당신에게 사랑과 기쁨, 희망과 아름다움, 일과 기회를 가져다줄 사람들이 있다. 당신이 그 사람들의 미래의 사람들 중 하나인 것처럼 그들은 마찬가지로 당신 미래의 사람들이다.

이제 그 사람들이 당신을 향해 오게 하라. 잠시 시간을 갖고, 그 사람들이 그들의 방식으로 하게 하라. 그들이 시야에 들어오게 하라. 당신은 그들의 얼굴을 볼 수 없지만 그들이 당신의 삶으로 놀라운 선물을 가져오면서 그들의 형태를 볼 수 있다. 당신 또한 그들에게 선물을 주고 있다.

그들을 포옹하는 사랑의 빛을 내보내라. 기쁨과 희망을 내보내라. 환영하는 마음을 내보내라. 그 사람들에게 당신과의 관계가 상호 사랑과 존경에 기반을 둘 것이라는 것과 당신이 연민과 이해로 당신의 일부를 각각 연기할 것이라는 약속을 하라. 마찬가지로 당신을 향해 퍼지는 그 사람들의 환영하는 마음을 느껴라.

이들은 당신이 긴 시간 알고 있었던 영혼들일 수 있다. 그 사람들은 당신이 결코 만난 적이 없는 영혼들일 수도 있다. 하지만 모든 거래에는 선물이 들어 있기 때문에, 그 사람들이 접근하고 있다는 사실은 그들이 당신의 성장을 유도하고 당신의 경험을 확장하며 당신의 가슴과 만날 것이라고 확신한다. 당신을 지나간 모든 것은 당신의 영적 성장과 그들의 영적 성장에 의미가 있을 것이다.

잠시 머물면서 당신과 그들 사이의 놀라운 에너지를 느껴라. 당신과 그들의 가슴 사이로 흐르는 사랑을 인식하라. 그들을 사랑으로 붙잡아라. 즐겨라. 당신이 원하는 만큼 오래 머물러라. 하지만 결국 당신은 여기로 돌아와야 하고, 그 사람들이 마침내 당신의 삶으로 여기 도착하기 전에 그들이 해야 하는 무엇이든 하도록 시간과 공간을 허용하라. 그러면 이제 사랑과 빛의 마지막 빔을 보내고, 당신이 그 사람들을 만날 때 사랑과 기쁨, 마음을 열 것이라는 약속과 함께 평등과 형제 같은 마음을 보내라.

그 순간 그 사람들이 가게 하라. 그들이 바로 지금 자신들의 삶에 있어야 하는 곳으로 다시 한번 물러나게 하라.

지금을 위해 감사를 전하고, 사랑과 빛이 미간 차크라로 천천히 흡수되게 하라. 깊이 호흡하고, 이 시간과 공간을 알아차리고, 이것이 바로 지금 당신이 속한 곳임을 알아차려라! 다시 심호흡을 하고, 당신의 세포를 산소로 가득 채워라. 그렇게 하면서 당신의 신체적 현존을 더 많이 알아차려라. 가장 편안한 곳인 당신의 미간 차크라를 닫히게 하라. 당신이 원할 때마다 다시 미간 차크라를 열 수 있다.

다시 심호흡을 하고, 그라운딩되었는지 확인하라. 천천히 손가락과 발가락을 움직이고, 준비가 되면 눈을 떠라.

물을 한 잔 마시고, 몸을 스트레칭하며, 원하는 무엇이든 여기에 기록하라.

확언

나는 내 직관의 선물을 충분히 활용하기 위해 열려 있다.

나는 영적인 눈으로 세상을 보고, 나를 위해 준비된 모든 선물을 환영한다.

나는 내 삶을 지휘하고, 풍요로운 미래를 표현하기 위해 지금 나아가고 있다.

이제 당신의 확언을 적어라.

기록지

제7장

왕관 차크라

"보라,

동쪽 하늘에 넘치는 부드러운 빛을.

찬사의 표시로 하늘과 땅 모두 통합한다.

4겹으로 표현된 힘에서 사랑의 노래가 생기고,

타오르는 불과 흐르는 물에서,

달콤한 맛의 땅에서, 살랑거리는 바람에서,

승리자가 목욕하는

헤아릴 수 없는 그 황금빛 깊은 소용돌이에서,

천 가지 어조로 모든 자연의 말 없는 소리에서

증명하려고 일어난다.

당신에게 기쁨이, 오 땅의 인간들이여.

순례자는 다른 해변에서 돌아왔다.

의식의 존재가 태어난다."

– 『베다』 –

보라,

동쪽 하늘에 넘치는 부드러운 빛을.

찬사의 표시로 하늘과 땅 모두 통합한다.

4겹으로 표현된 힘에서 사랑의 노래가 생기고,

타오르는 불과 흐르는 물에서,

달콤한 맛의 땅에서, 살랑거리는 바람에서,

승리자가 목욕하는

헤아릴 수 없는 그 황금빛 깊은 소용돌이에서,

천 가지 어조로 모든 자연의 말 없는 소리에서

증명하려고 일어난다.

당신에게 기쁨이, 오 땅의 인간들이여.

순례자는 다른 해변에서 돌아왔다.

의식의 존재가 태어난다.

－『베다』－

중심 힘 채널의 위쪽 끝은 천 개의 연꽃잎 차크라라고 불리는 왕관 차크라이다. 여기에서 우리의 영성 및 의식의 통합, 신성이 완전히 열린다. 왕관 차크라에서는 기능 장애가 없기 때문에 이번 장은 다른 장과는 다르다. 우리가 왕관 차크라를 발달시켜 그것의 은총에 자신의 마음을 열거나, 아니면 그것의 기적을 위한 준비가 되지 않아 여전히 막혀 있어서 신성과의 완전한 연결을 할 수 없다. 왕관 차크라가 계발되었든 어떻든 우리는 여전히 차크라를 통해 들어오는 빛을 시각화하고 신성으로부터 오는 치유의 빛을 이용할 수 있다.

몇몇 사람에게 왕관 차크라에 대한 작업은 생애 과제이다. 우리가 영성이나 종교에 대해 말할 수도 있지만, 그것은 우리의 연결을 알리는 황홀한 에너지의 넘침을 거의 지속적으로(혹은 확실히 의도하는 순간에) 느낄 수 있는 왕관 차크라를 계발하고 열 때뿐이다. 이것은 우리가 조금 전에 알았을 수도 있는 영적 환상이라 부르는 자연스러운 흥분이다. 비록 그것이 당신을 완벽하게 만드는 데 시간이 걸린다고 해도(건강한 상태를 유지하기 위해서는 모든 차크라를 필요로 한다.) 이제 왕관 차크라의 발달로 당신을 영원히 바꿔라. 동시에 기쁨과 존경으로 당신을 가득 채울 경험을 준비하고, 모든 것과 모든 사람을 위한 사랑으로 당신을 가득 채워라.

그럼 왕관 차크라와 이런 놀라운 선물을 성취하는 방법을 살펴보자.

왕관 차크라 작업을 통해 얻는 기대 효과

- 신성과의 의식적인 연결
- 정렬된 느낌과 완벽한 명쾌함
- 치유의 선물
- 내면의 평화
- 온 우주의 새로운 경이감
- 있는 그대로의 자유

이제 다음 질문을 살펴보고, 당신이 여기에 하고 싶은 작업을 스스로 평가하라.

자기 평가 질문지
1. 당신은 치유를 위해 부름을 받은 적이 있는가? 아니면 약간 신비한 기술에 몰두하는가?
2. 당신은 좀 더 깨달음을 얻고 모든 것에서 일체감을 갖기를 바라는가?
3. 당신은 외부의 뭔가에 의해서 야기되는 것이 아니라 황홀한 은총을 느낄 수 있기를 바라는가?

4. 당신은 모든 사람을 동등하게, 그리고 우주 의식의 일부로 보기를 바라거나 그렇게 할 수 있는가?
5. 당신은 신과 직접적으로 항상 존재하는 연결을 바라는가?
6. 당신은 모든 생명을 무한한 사랑과 연민으로 보기를 바라는가?
7. 당신은 모든 것을 절대적인 단순성과 경이감으로 볼 수 있기를 바라는가?
8. 당신은 질서를 바꾸려는 당신의 욕망과 더불어 모든 것에서 신성한 질서를 자각하기를 바라는가?
9. 당신은 사랑과 이해, 연민, 심지어 감사와 함께 용서할 수 있기를 바라는가? 그럼에도 불구하고 동시에 정의를 구현하려고 노력하는가?
10. 당신은 모든 것에 사랑과 평화를 비추기를 좋아하는가?
11. 당신은 완벽하게 정렬되고, 땅에 의해 지지받고 신성과 연결된 느낌을 좋아하는가?
12. 당신은 인간애와 신성으로 동시에 살 수 있기를 바라는가?
13. 당신은 모든 재능으로 살고 삶을 충만하게 즐기기를 바라는가?

주: 대부분의 문항에 체크한 경우, 그럼 당신은 왕관 차크라의 계발을 즐길 것이다. 왕관 차크라의 계발과 그것의 경이감의 실현은 즐거운 전진이자 평생의 과업이다. 필요하면 당신이 왕관 차크라를 치유할 수 있도록 왕관 차크라에 대해 더 많이 학습하고, 왕관 차크라의 계발을 시작하자.

왕관 차크라의 기초

- **위치**: 왕관 차크라는 정수리에 위치하고 원인의 몸 가장자리에서 열려 확장된다.

- **색**: 왕관 차크라가 발달된 사람의 일부는 흰빛이고 또 다른 사람들은 짙은 보랏빛이다.

- **활성화와 발달**: 왕관 차크라는 언제든 활성화될 수 있다. 전통적으로 우리의 초점은 26~30세에, 다시 56~60세에, 그 후 86~90세에 온다. 일부에서는 어린 나이에 자동적으로 열리지만, 많은 사람은 우리가 우리의 의식과 신성의 충분한 확장을 깨달을 때인 죽기 몇 개월 전까지도 전혀 계발되지 않는다. 대개 왕관 차크라를 열고 계발하기 위한 의식적인 노력을 해야 한다. 그렇지 않으면 우리가 절대 탐구할 생각을 못했던 엄청난 궁전의 닫힌 문처럼 남아 있을 수도 있다.

- **특별한 연결**: 왕관 차크라는 모든 체계를 통합하지만, 일부 확장에서 뿌리 차크라와의 특별한 연결을 가지는데, 왕관 차크라는 중심 힘 채널의 더 높은 끝에 있지만 뿌리 차크라는 제일 낮은 끝부분에 있기 때문이다. 두 차크라 모두 다른 차크라와는 달리 원인의 몸에 열려 있고 다른 차크라들은 정서의 몸 수준에 열려 있다.

- **관련 감각**: 왕관 차크라 자체의 관련 감각은 없다.

- **관련 림프**: 왕관 차크라는 뇌하수체, 송과선, 시상하부와 관련되어 있다. 시상하부는 모든 내분비계를 교대로 조정하는 뇌하수체에서 호르몬의 흐름을 조절하는 호르몬을 분비한다. 뇌하수체의 전두엽 호르몬은 내분비계에서 다른 림프계를 자극하는 반면에, 후두엽 호르몬은 임신하는 동안 자궁을 수축하고 유방에서 유즙을 생산한다. 송과선은 멜라토닌을 분비한다.

- **신경학적 연결**: 왕관 차크라는 모든 신경계를 지배하는 대뇌 피질과 관련되어 있다.

- **관련 오라**: 황금빛이고 계란 형태인 원인의 몸은 신체적인 몸에서 72~80인치 확장한다. 원인의 몸 안에 전생의 고리를 붙들고 있어서, 결국 우리가 카르마 문제를 해결할 때 사라진다.

왕관 차크라의 기능

- **통합, 우주, 예수나 부처의 의식**: 왕관 차크라는 우리 각자가 독특하고 개별적인 영혼이지만 모두 하나라는 우주 의식의 절대적인 단순성과 복잡성에 대한 동시 자각을 높인다. 우리는 동시에 인간이자 신성이다. 우리는 아무것도 통제할 수 없지만 모든 것은 완전히 신성한 질서 안에 있다. 모든 것이 들어 있는 것은 무한하고 경계 없는 무(無)가 있다. 우리 사이에는 공간이 없는 곳이지만 공간만이 존재한다. 우리가 물질로 된 신체적 인간 존재이지만 빛으로만 만들어진 영적 존재이다. 의식은 눈으로 볼 수 없지만 존재하는 모든 것에서 볼 수 있다.

- **이해**: 통합 의식에 대한 이런 이해는 우리가 지성으로 배우고 논리적으로 추측하고 인간의 뇌로 계산할 수 있는 것 너머로 우리를 데려간다.

- **평화, 환상, 은총**: 왕관 차크라에서 우리는 지금까지 알고 있었던 모든 것을 초월할 수 있다. 우리는 도달할 수 없는 것에 도달하기 위해, 만질 수 없는 것을 만지기 위해, 초기에는 짧은 시간이지만 절대적인 평화인 모든 것이 머무는 곳이며, 우리가 온전한 자각의 은총을 알고 있는 곳, 즉 우리가 영적 환상 속에 있다는 것을 발견하기 위해 우리 자신을 프로그램할 수 있다.

- **변형**: 이런 영적 환상의 은총 상태로 들어가는 것을 배우면 그것을 붙들고 그것을 인간의 삶으로 통합하여 놀라운 뭔가가 우리에게 일어난다. 우리는 변형하고—영구히 변화하고—이런 변화는 우리에게뿐만 아니라 주위 사람들에게도 지각될 수 있다. 우리는 힐끔 하늘을 경험하였으며, 결코 동일한 경험을 다시 할 수는 없다.

- **빛나는 사랑과 평화**: 왕관 차크라의 에너지로 작업하는 기술을 완수하면 우리에게 고요와 안정을 그리고 우리 주위의 모든 사람에게 우주의 사랑을 비추는 능력을 갖게 된다. 동시에 일상의 인간 존재로 남아 땅 위에 두 발을 딛고 일상의 일을 하게 한다. 우리는 행복에 넘치는 평화의 상태에서 지속적으로 주위에 떠오르기를 기대하지 않는다. 우리는 인간 존재이고, 그것은 머무는 동안 이 세상에서 모두에게 무조건적인 사랑으로 우리의 정서를 느끼고 그 정서를 다루는 것을 배우는 우리 과업의 일부이다.

- **지식과 진실**: 우리는 목 차크라에서 진실을 말했다. 여기 왕관 차크라에서 우리는 그 사실을 더 많이 자각하게 되는데, 씨앗이 식물의 모든 원형을 갖고 있는 것과 같다. DNA 가닥은 온전한 사람의 열쇠를 쥐고 있고, 이 순간은 항상 있었으며 존재하는 모든 진리와 모든 지식을 갖고 있다. 우리가 해야 하는 것은 그것을 발견하는 것이다. 우리는 모두 그 길의 다른 지점 위에 있다. 우리 모두는 진리에 대한 우리 자신의 이해를 갖고 있다. 하지만 여기 왕관 차크라에서 우리는 앎의 시점에 도달하려는 우리의 일차적 목표를 향해 이동한다.

- **계몽**: 여기 왕관 차크라에서 우리는 마지막으로 인간 뇌의 속박에서 자유로워질 수 있으며, 우리가 초월하고 위대한 의식의 몸, 즉 우리가 신이라고 부를 수 있는 신성한 근원과 다시 하나가 되면서 진리와 앎에 우리 자신을 담글 수 있다. 결국 왕관 차크라에서 우리는 우리보다 더 위대하고 여전히 우리가 강력한 부분인 근원의 힘과 인류애에 동시에 내맡기면서 이해할 수 있다.

- **정렬**: 모든 차크라가 계발되고 정화되고 방해받지 않을 때 정렬이 일어나는데, 모든 차

크라를 통해 에너지의 흐름이 위아래로 폭발하게 하는 깨끗한 통로를 만들어 우리에게 땅에서 오는 건강한 에너지와 우주에서 오는 영적 에너지를 동시에 가져온다. 이런 에너지는 우리를 모든 수준에서 지속적으로 양육하는데, 특히 우리가 명상을 할 때이다. 그리고 신성과의 이런 연결을 통해 우리는 완전한 현시(顯示)와 균형 속에 인간성과 신성이 있는 진정한 누군가가 된다.

왕관 차크라를 위한 오일과 젬스톤

우리는 이 세상에서 배운 것을 통해서 다음 세상을 선택한다. 아무것도 배우지 않으면, 다음 세상도 이 세상과 마찬가지다. 모두 똑같은 한계와 극복해야 할 무게에 짓눌리게 된다.

리처드 바크

- 앰버는 왕관 차크라를 위한 오일이나 향이다.
- 다이아몬드는 전통적인 젬스톤이지만, 백수정, 자수정, 라브라도라이트, 셀레스타이트도 훌륭하다. 늘 그렇듯 당신이 암을 앓고 있거나 앓았다면 백수정은 사용하지 마라.
- 백수정은 앞서 언급한 왕관 차크라의 모든 기능을 강화할 수 있고, 사이킥과 영적 재능을 신속하게 드러내면서 미간 차크라에서 왕관 차크라에 이르기까지 신속한 상승을 자극한다.
- 자수정은 영적 자극을 상승하는 데 도움을 주고, 명상을 하는 동안 이전에 도달하지 못한 수준을 여는 데도 도움을 준다. 우리의 비전과 지혜를 분명히 하고 부정적인 것으로부터 보호하면서 우리에게 정의감과 공평성, 평화를 유지하는 데 도움을 준다.
- 라브라도라이트는 왕관 차크라와 동일한 주파수를 갖고 있으며, 채널링과 직관을 자극하면서 왕관 차크라를 정화하고 열어 주며 계발하는 데 도움을 준다. 또한 우리에게 우리의 상승을 방해하는 파편들을 정화하는 데 도움을 주고, 텔레파시와 영감을 갖는 데도 도움을 준다.
- 셀레스타이트는 오라를 정화하고 균형을 이루어 주며, 명상하는 동안 빛과 사랑으로 우리의 에너지 몸을 가득 채우고, 신성과의 의식적인 연결을 만들어서 붙들 수 있게 한다.

자기 탐색

왕관 차크라의 자연스러운 발달 시기를 살펴보자. 그러면 당신은 정화되고 잊혀지거나 치유되어야 하는 뭔가를 마음에 떠올릴 수 있다. 이 작업을 하면서 당신은 차크라 발달 관점에서 당신 삶의 모든 것을 발견했을 것이다. 당신이 가져온 다른 것들을 정화하기 위해 다시 돌아가야 할 수도 있지만, 당신은 기초를 다져서 온전한 당신을 치유하는 과제를 더 쉽게 만들었을 것이다.

그럼…….

심호흡을 몇 번 하라. 당신의 삶에서 이 시기에 집중하면서 마음에 떠오른 것을 기록하라. 다시 한번, 나는 만약을 위해서 세 번째 시기를 추가하였다. 하지만 세 번째 시기에 대한 작업을 하고 있다면 내게 편지를 써 주시기를 바란다! (물론 내게 편지를 써 주는 누구든 환영한다.)

첫 번째 시기

26~30세에 기억나는 것은?

이 시기에 중요했던 사람은? (가족, 스승, 친구, 당신을 사랑했던 사람, 당신에게 상처를 준 사람 등)

그 당시 그 사람에 대한 나의 감정은?

두 번째 시기

56~60세에 내 삶에서 일어난 일은?

내 삶에서 중요했던 사람은?

그 당시 그 사람에 대한 나의 감정은?

당신이 문을 닫아 내부를 어둡게 할 때 당신이 혼자라는 말을 절대 기억하지 못한다. 당신은 혼자가 아니기 때문이다. 아니 신이 내부에 있으며 당신의 수호신이 내부에 있다. 그리고 필요한 것은 당신이 하고 있는 것을 보기 위해 빛을 가진 그들을 갖는 것이다.

エ피테토스

세 번째 시기

86~90세에 내 삶에서 일어난 일은?

내 삶에서 중요했던 사람은?

그 당시 그 사람에 대한 나의 감정은?

이제 왕관 차크라를 정화하고 계발을 시작하자.

연습

연습 1

이 연습은 세 부분으로 구성되어 있다.

준비 이 책/펜/여분의 종이/컬러 펜 몇 개
1부에서는 적어도 1시간 정도, 2부에서는 45분 정도 방해받지 않게 하라.

당신께서 나의 가장 깊은 나를 지으셨다. 내 어머니의 자궁에서 나를 함께 지으셨다. 수많은 경이로움에 대해 나는 당신께 감사한다. 경이로움이 나다. 그리고 당신께서 하는 모든 일은 경이롭다.

『시편』 139편

이 연습의 3부를 할 때 나는 그것의 느낌과 명료함을 좋아하기 때문에 규칙적으로 하는 부분인데, 신과 단 둘만 함께 하기를 바라기 때문에 오후나 초저녁에 연습을 한다. 그래서 1부를 자유롭게 한 다음 시각화를 하기 위해 다른 시간을 계획하라.

• 1부

지금까지 우리는 각 차크라의 기능, 각 차크라의 선물, 각 차크라의 작용뿐만 아니라 작용하지 못한 이유를 이해하기 위해 차크라 체계에 대해 살펴보았다. 하지만 이제 우리가 모든 차크라를 가져와 각 차크라와 지금까지 당신이 이룬 것을 살펴보라.

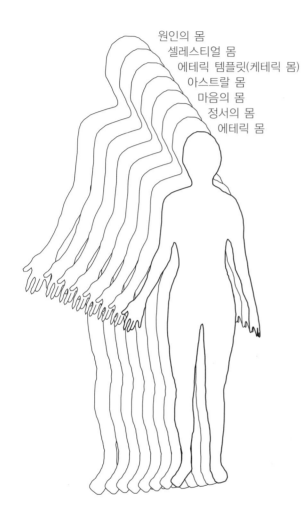

원인의 몸
셀레스티얼 몸
에테릭 템플릿(케테릭 몸)
아스트랄 몸
마음의 몸
정서의 몸
에테릭 몸

> 붓다라는 말의 어원은 깨닫고, 알고, 이해한다는 의미이다. 깨닫고 이해하는 그를 붓다라고 부른다. 붓다는 그것처럼 간단하다. 깨닫고 이해하고 사랑하는 능력을 붓다의 특성이라고 한다.
>
> **틱낫한**

컬러 펜을 사용해 당신이 지금까지 이룬 것을 그림에 표시하라. 나는 각 차크라에 몇 개의 키워드를 적어 두었다. 그런 다음 앞 장으로 가서 다시 적어라. 아니면 당신이 바라는 도움을 보기 위해 『The 7 Healing Chakras』의 관련 장으로 가서 다른 컬러 펜으로 지금까지 작업한 것을 기록하라. 원하면 이 그림을 복사해서 사용할 수 있고, 당신이 행동하는 방식과 세상을 받아들이는 방식에 따라 변화를 알아차리면서 그것을 냉장고 앞이나 책상에 붙여 두어라.

• 2부

우리가 오라의 몸에 붙인 이름이나 설명과는 별개로 몇 가지 이야기를 했지만, 지금 그것들을 더 살펴보라.

모든 수준에서 트라우마는 에너지 체계의 분열을 초래한다. 예를 들어, 몸의 상처는 정서적·심리적·영적 혼란을 일으킬 수 있고, 마찬가지로 영혼의 트라우마는 결국 신체적 수준에서 질병을 일으킬 수 있다. 따라서 우리는 힐링에서 몸과 마음, 영혼 전부를 다루어야 한다.

이제 모든 차크라 체계를 살펴보라. 어쩌면 당신은 수년 전에 일어났던 일이 어떻게 당신에게 영향을 주었는지, 어떻게 당신을 아프게 했는지, 어떻게 당신에게 계속해서 달라붙어 있는지, 어떻게 당신을 지지하고 당신이 할 수 있는 모든 것을 방해하는지를 이해할 수 있다. 하지만 늘 그렇듯이, 이런 일들이 연습의 일부였다는 것을, 그리고 그것들이 가져온 지혜와 명료함은 어떤 다른 방식으로도 이룰 수 없었다는 것을 기억하라. 그래서 필요하면 그것들을 한 번 더 내려놓고 용서하자. 이 그림을 살펴보면서 당신이 자신의 더 큰 그림을 더 많이 볼 수 있다면, 돌아갈 좋은 시간이 될 수도 있고, 삶에서 일어난 것으로부터 당신이 얻은 것에 관해 각 장에서 그 부분을 덧붙일 수 있다. 예를 들어, 당신은 이 작업을 하려고 여기에 앉아 있을 수 없으며, 큰 자각을 하기 직전이라면 이전에 당신에게 고통을 주지 않았다. 혹은 이번 삶의 경험이 당신에게 치유자로서의 훈련을 잘 수행했다는 것을 알 수 있다.

잠시 시간을 갖고, 한 부분에서 너무 오래 머문다고 느낀다면 준비가 될 때 그곳으로 돌아오라. 하지만 매 시간 마칠 때 잘 그라운딩되었는지 확인하라.

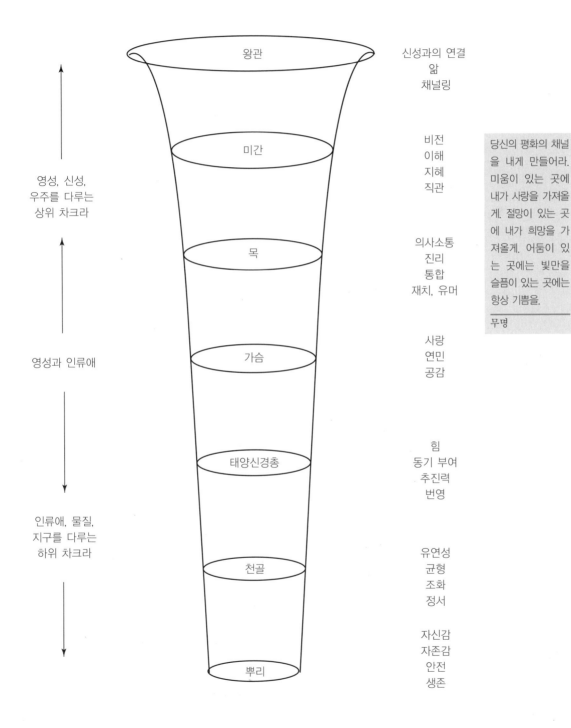

영성, 신성,
우주를 다루는
상위 차크라

영성과 인류애

인류애, 물질,
지구를 다루는
하위 차크라

왕관
신성과의 연결
앎
채널링

미간
비전
이해
지혜
직관

목
의사소통
진리
통합
재치, 유머

가슴
사랑
연민
공감

태양신경총
힘
동기 부여
추진력
번영

천골
유연성
균형
조화
정서

뿌리
자신감
자존감
안전
생존

당신의 평화의 채널
을 내게 만들어라.
미움이 있는 곳에
내가 사랑을 가져올
게. 절망이 있는 곳
에 내가 희망을 가
져올게. 어둠이 있
는 곳에는 빛만을
슬픔이 있는 곳에는
항상 기쁨을.

무명

● 3부

몇 가지를 기록하라…….

① 당신은 처음에는 모든 색을 보고 존재의 전부를 인지하는 것이 어렵다는 것을 발견할 수도 있다. 걱정하지 마라! 우선 그저 그 과정을 따라 하라—당신은 일어난 것에 대해 놀랄지도 모른다. 그러나 당신이 나를 좋아한다면 당신은 영적 수행의 일부로 반복해서 이것으로 돌아올 것이며, 결국 충분히 확장되어 화려하고 선명한 색으로 빛나는 당신 자신을 보게 될 것이다.

② 비록 당신은 장엄함의 충분한 감각을 성취하기 위해 오라의 몸에서 다음으로 이동한다고 내가 제안했지만, 실제로 그것들 모두는 서로 주위에 느슨하게 놓여 있거나 서로에게서 퍼져 나오기보다는 융합하고 포개질지도 모른다. 이건 내가 글로 쓰기가 어렵다는 것을 안다. 하지만 시각화가 잘되고 때가 되면 나타날 것이다.

③ 잠시 시간을 갖고 원하는 곳마다 멈추고, 탐색하고, 감탄하라. 그런 다음 감사의 시간을 가져라. 나는 너무 두려워 떠나고 싶지 않은 마음이 들기 때문에 나 자신을 끌어들이지 않으면서 오랫동안 여기에 머문다.

④ 산소에 대한 당신의 욕구는 줄어들어 호흡이 꽤 얕아질 수도 있다. 이것은 걱정할 일이 아니지만, 당신은 마지막에 거대한 공기를 삼키는 자신을 발견할 수 있다. 나는 여기저기에서 당신에게 호흡을 상기시키는 시도를 한다.

이제 눈을 감고 당신의 신체적 몸 전체를 시각화하라. 신체적 몸을 느끼고, 신체적 몸을 알아차리고, 신체적 몸을 감각하고, 신체적 몸을 탐색하고, 신체적 몸으로 호흡하라. 각 기관에 당신의 호흡을 집중시키고, 그것들이 당신의 인류애를 지지하면서 감사하는 내면의 미소를 짓게 하라.

이제 당신의 초점을 내부에 두고, 당신의 중심 힘 채널을 시각화하면서 채널의 밑바닥에서 시작해 척추의 아래쪽으로 내려가면서 모든 단계에서 잠시 시간을 갖고, 그것에서 이끄는 차크라 각각을 시각화하라.

- 깊고 풍부한 붉은빛인 대지로 회전하며 내려가는 뿌리 차크라
- 그 다음 앞뒤에 있는 반투명한 주황빛의 천골 차크라
- 이제 앞뒤에 있는 밝은 노란빛의 태양신경총 차크라
- 그 다음 앞뒤에 있는 초록빛이나 분홍빛의 가슴 차크라
- 그 다음 앞에서는 수평이지만 목 뒤에서는 약간 올라간 파란빛의 목 차크라
- 그 다음 앞뒤에 있는 짙은 파란빛이나 보랏빛의 미간 차크라
- 이제 중심 힘 채널 위에서 퍼지는 머리 위의 흰빛이나 보랏빛의 경이로운 왕관 차크라를 시각화하라.

각 차크라의 에너지를 느껴 보라. 뿌리 차크라에서 나오는 강한 땅 에너지와 왕관 차크라에서 나오는 밝은 빛 에너지와 섞이는 중심 힘 채널의 놀라운 에너지를 느껴보라. 그 에너지와 잠시 머물고, 에너지를 위아래로 움직이며 무엇이 일어나든 받아들여라.

그리고 이제…… 각 단계마다 잠시 시간을 가져라…….

다시 한번 신체적 몸을 알아차린 다음, 당신의 초점을 피부에서 약 1인치 너머로 퍼지게 하라. 이것은 당신의 에테릭 몸으로 신체적 몸과 밀접하게 연관되어 있다. 에테릭 몸은 푸르스름한 회색빛이며, 지속적으로 진동하고 몸의 윤곽과 마찬가지로 모든 기관으로 흐르면서 그것들을 정화하고 양육한다.

이제 당신의 초점을 조금 더 확장시켜 정서의 몸으로 확장하라. 정서의 몸 에너지는 더 밝고 파스텔 색의 구름처럼 나타나 지속적으로 서로에게 그리고 당신 주위로 흐르며, 몸에서 약 3~4인치 정도 퍼진다. 정서의 몸은 당신의 정서를 지배한다. 이제 정서의 몸으로 사랑과 빛을 호흡하여 자신을 평화로 가득 채워라. 당신 자신의 내면의 조화와 균형을 느껴라.

숨을 쉬고, 당신의 초점을 노란빛과 강한 마음의 몸으로 이동하고, 당신의 몸에서 4~8인치 주위로 빛을 비추며, 당신 자신의 힘 안에 당신을 부여잡는다. 잠시 시간을 가져라.

이제 당신의 초점을 아름다운 색의 구름인 아스트랄 몸으로 확장시켜 몸에서 약 18~24인치 확장하라. 아스트랄 몸은 지금 자신의 모든 존재로 사랑을 호흡하면서 어쩌면 가슴 주위에 분홍빛이 된다. 당신이 특별히 사랑하는 누군가를 생각한다면, 당신은 그것이 다른 곳에서도 분홍빛으로 변하는 것을 볼 수 있다.

잠시 시간을 가진 다음, 당신의 초점을 다시 이동하라. 이제 당신은 자신의 에테릭 템플릿이나 케테릭 몸으로 들어간다. 파란빛과 은빛, 에테릭 템플릿은 당신의 신체적 몸의 완벽한 템플릿을 유지하고, 그것이 완벽하게 당신을 계속해서 붙잡는 일은 더 이상 일어나지 않는다. 당신의 초점은 이제 몸에서 약 24~30인치 정도 확장시킬 수 있다.

숨 쉬는 것을 기억하라.

> 몸은 초록 허브와 흐르는 물을 원한다. 몸의 기원이 그것에 있기 때문이다. 영혼은 생명과 살아 있는 사람을 원한다. 그것의 기원이 무한한 영혼이기 때문이다. 영혼의 욕망은 지식과 지혜이다. 몸의 욕망은 과수원, 초원, 포도나무이다. 영혼의 욕망은 상승과 숭고함이다. 몸의 욕망은 이익과 방종의 수단이 된다.
>
> 루미

그리고 이제 당신은 자신의 셀레스티얼 몸에 접근하며, 당신에게서 퍼져나가는 파스텔 색의 빛으로 변해, 계속해서 번쩍인다. 이제 당신의 지혜와 이해, 직관을 느껴라. 셀레스티얼 몸은 당신의 몸에서 약 40인치 확장될 수 있다. 시간을 즐겨라. 그런 다음……

스스로 그라운딩을 잘 유지하면서 당신의 초점을 이제 원인의 몸으로 확장하라. 스스로 충분히 확장되었다고 느껴라. 그리고 신체적 몸에서 60인치 이상 확장하면서 황금빛으로 빛나는 훌륭한 당신의 원인의 몸을 알아차려라.

당신의 전 존재로 확장시키고 동시에 신체적 몸과 영혼의 빛을 동시에 보는 이런 느낌을 즐겨라. 이것이 당신이다! 당신은 강하고 건강한 인간일 뿐 아니라 훌륭한 영적 존재이다.

숨 쉬는 것을 잊지 마라!

이런 놀라운 세상이 당신임을 탐색하는 시간을 스스로 가져 보라. 일어난 어떤 감정이든 경험하고 그것을 지나가게 하라.

깊이 호흡하고, 감사하라. 당신을 지탱하고 당신을 지지하는 대지에 감사하라.

당신에게 항상 열려 있는 신에게 감사하라. 그리고 당신을 항상 잘 보호해 주도록 요청하라. 당신의 모든 것을 보호하는 원인의 몸 주위로 황금빛 망토를 시각화하라.

이것이 당신의 실재이다(그것은 사라지지 않는다). 그러니 준비가 되면 잠시 시간을 갖고 당신의 초점을 자신의 원인의 몸에서 그것을 잘 보호한 채 셀레스티얼 몸으로 천천히 가져온 다음 케테릭 몸을 통해 아스트랄 몸으로, 아스트랄 몸에서 마음의 몸으로 가져오라. 정서의 몸을 통해 마지막으로 에테릭 몸으로 돌아오고, 이제 당신의 신체적 몸에 집중하라. 신체적 몸의 모든 부위로 빛을 호흡하고, 치유해야 하는 무엇이든 치유하라. 감사하라.

원하는 만큼 오래 머물러라. 준비가 되면, 심호흡을 하고 당신의 신체적 몸을 산소로 가득 채워라. 당신의 신체적 존재에 대한 자각을 시작하라. 손가락과 발가락을 움직이고, 그다음 당신의 감은 눈 너머 한 지점으로 돌아가라. 충분히 깨어났다고 느끼면 천천히 눈을 뜨고 충분히 현재에 머물러라. 잘 그라운딩되었는지 확인하라.

> 우리의 삶을 고가의 보석처럼 보자. 보석의 크기 때문에뿐만 아니라 보석의 무게 때문에도 눈에 띈다. 삶의 기간이 아니라 성과로 그들을 측정해 보자.
> 세네카

원하는 무엇이든 여기에 기록하고, 필요하면 여분의 종이에 계속하라.

연습 2

이번에는 채널링을 할 기회이다.

준비 이 책/펜/채널링 일지나 유사한 뭔가를 요청할 별도의 책/녹음기나 함께 있으면서 당신을 위해 기록해 줄 신뢰할 만한 친구(하지만 아무 말도 하지 않고 정말로 웃음을 터뜨리지 않으면서!)
최소한 1시간 정도 방해받지 않게 하라—이 연습을 한 후에는 아무것도 계획하지 않는 것이 좋다.

> **유용한 정보** 채널링을 하는 동안 당신이 말하는 것, 일어나는 것, 그것이 얼마나 적절한지, 혹은 스스로 얼마나 바보짓을 하고 있는지에 대해 걱정하지 마라. 있는 그대로 그냥 기록하라. 나는 때로는 말도 안 되는 것 같지만 누군가에게는 의미가 있는 것을 기록했다. 그 과정을 방해하지 마라. 아니면 당신은 연결을 실패할 것이다. 그 과정의 거룩함을 존중하자. 그리고 당신이 그 기술을 숙달할 때까지는 누군가를 위해 어떤 채널링도 시도하지 마라. 장난으로 해서는 안 된다.

할 수 있는 만큼 등을 똑바로 세우고 앉아서 자신을 준비하고 편안하게 하라.

이제 당신의 중심 힘 채널을 열고 정화하는 것을 시각화하라. 시각화하기에 앞서 자신을 잘 그라운딩시켜라. 당신이 하고자 하는 것의 경이로움을 자각하라.

당신이 최고의 가능한 근원에서 최고의 지혜만을 받고 존중하는 마음으로 그것을 다루며 당신의 최고의 선을 위해, 모두의 최고의 선을 위해서만 그것을 사용하는 데 전념하도록 요청하라. 녹음기를 켜거나 친구에게 펜과 종이를 준비시켜라.

이제 당신이 자신의 왕관 차크라를 연다는 한 가지 생각을 하는 동안 당신 자신은 물러나 있어라. 기꺼이 기다리고, 다른 뭔가가 일어나지 않도록 열려 있어라. 단지 목 차크라가 열리도록 준비하고, 말하거나 눈을 뜨고 기록하라. 때로는 그 흐름이 시작되면서 당신이 그것을 잡으려고 할 수도 있고, 아니면 그것을 물어볼 수도 있다. 그리고 당신은 평범한 세상에 갑자기 부딪히는 자신을, 당신이 말했던 것을 사실 자신이 몰랐기 때문에 어리석다고 느끼는 자신을 발견할 것이다. 이것이 일어나면, 그냥 천천히 그라운딩하고, 재연결한 다음 다시 시작하라. 채널링이 시작될 때, 당신은 자신을 통해 흐르는 의식의 흐름이 있음을 발견할 수 있다. 그다음 그것이 멈춘 것처럼 보이고, 그 연결이 끊긴다. 걱정하지 마라. 그저 스스로 다시 중심을 잡고 시도하라.

이제 끝났다고 느끼면, 아니면 피곤해 멈추기를 바라면, 당신이 해야 하는 모든 것은 그 생각을 장소, 이를테면 당신이 있는 곳으로 옮기는 것이다. 감사하라. 천천히 왕관 차크라가 닫히게 하고, 다시 그라운딩되었는지를 확인하라. 눈을 뜰 때까지 오랫동안 시간을 가져라. 당신은 때로는 밝은 빛을 보거나 주위의 일상을 보는 작은 충격이 있은 이후 눈을 감거나 그렇게 하고 싶을지도 모른다. 당신에게 그런 경험이 있다면 눈을 깜박이고 심호흡을 하라. 물을 마시고 나서 준비가 되면, 조금씩 스트레칭을 하고, 방 안을 걸어 다녀라. 뭔가를 하기 전에 잠시 시간을 가져라.

원하는 무엇이든 여기에 기록하라.

> 다양한 꽃에서 꿀을 모으는 꿀벌처럼, 현명한 사람은 다양한 경전의 에센스를 받아들이고 모든 종교에서 선(善)만을 본다.
> 스리마드 바가바탐

마지막 명상

〰〰〰

당신이 바라는 뭔가를 갖고 안전한 곳으로 가라. 당신은 음악과 함께 당신 자신을 준비할지도 모르지만, 왕관 차크라를 위한 최고는 침묵이다. 이제…… 보통 때처럼 자신의 호흡에 집중하면서 몸을 이완할 시간을 갖고, 이제 필요 없는 부정적인 것을 내려놓아라.

당신의 중심 힘 채널이 정화되고 하위 차크라들이 건강하게 돌아가는 것을 위엄 있게 스스로 시각화하라. 당신이 그라운딩되었는지 확인하고, 존경과 존중하는 마음으로 당신의 초점을 왕관 차크라로 올리고, 왕관 차크라가 열리도록 사랑의 생각만으로 머리 위에 아름다운 빛의 왕관을 시각화하라. 왕관 차크라가 열리게 하고 주변을 상승시키는 빛의 왕관을 보고, 왕관 차크라의 경이로움과 아름다움을 느껴라. 한 가지 생각과 한 번의 호흡만으로 지금 순수하게 빛나며 강력하지만 부드러운 빛을 확장시켜라. 그런 다음, 왕관 차크라를 통해 당신의 가슴에서 깊이 느끼고, 순수한 사랑과 감사한 마음으로 사랑을 내보내라. 당신과 존재하는 모든 신성한 근원 사이의 통로를 느껴라. 그리고 당신의 사랑을 최고 지점으로 확장시키면서 따뜻함과 마찬가지로 놀라운 기쁨을 받아들이는 것을 느껴라. 부드럽고 힘이 있으며 모든 것에 힘을 주고, 모든 것을 편안하게 하는 신성한 빛과 사랑이 통로로 내려가는 것을 환영하라. 그리고 당신이 신과의 연결을 완벽하게 상승시키면서 자신이 확장되는 것을 느껴라. 그 사랑이 당신을 가득 채우면서 당신의 빛이 증가하는 것을 느껴라. 당신 자신이 더 확장하는 것을 느껴라. 그리고 신성한 빛과 사랑이 당신의 인류애와 결합하면서 당신의 가슴에서 일어나는 것을 지켜보라. 그 경이로움을 느껴라.

이제 당신의 초점을 미간으로 가져오라. 여기에서 사랑과 빛 모두 짙은 파란빛이나 보랏빛으로 변하는 것을 알아차려라. 당신 자신이 지혜와 이해로 가득 채워지는 것을 느껴라……. 그것이 아름다운 연한 파란빛이나 청록빛으로 바뀌는 곳인 목 차크라로 흘러내리게 하라……. 당신 자신이 창의성, 진실, 통합으로 가득 채워지는 것을 느껴라. 당신의 소명을 알라…….

잠시 시간을 갖고, 당신이 할 수 있는 모든 것을 흡수하라. 그런 다음 이번에는 분홍빛으로 바뀌는 곳인 가슴으로 흘러내리게 하라. 당신 자신을 위한, 그리고 전 우주를 위한 무한한 사랑으로 가득 채워 흘러넘치는 것을 느껴라. 모든 것과 모든 사람을 위한 자비를 알고, 모든 존재를 동정하지 말고 공감하라. 당신의 가슴을 이런 사랑으로 열고, 그것을 전 세상으로, 당신이 알고 사랑하는 사람들에게로, 당신이 알지는 못하지만 우주 의식으로 연결된 사람들에게로, 당신의 사랑을 마땅히 받을 가치가 없다고 느꼈던 사람들에게로 그리고 전혀 그것에 반응할 수 없거나 그것을 돌려보낼 수 없는 사람들에게로 퍼지게 하라. 즐겨라.

이제 신성한 빛과 사랑이 밝은 노란빛이 있는 태양신경총 차크라로 흘러내리게 하라. 당신의 의지가 다시 힘을 얻고 당신이 있는 그대로 위대한 존재를 위한 책임을 받아들이면서 당신 자신이 힘으로 가득 채워지는 것을 느껴라. 당신의 에너지가 상승하는 것을 느끼고, 당신이 원하는 무엇이든 하려는 동기가 생기고 당신의 최고의 선과 모두의 최고의 선을 위해 신성한 빛과 사랑을 사용하는 한 당신이 선택한 긍정적인 에너지가 무엇이든 지속적으로 흐르게 할 수 있다는 것을 알라.

그 빛이 밝은 주황빛이 되는 천골 차크라로 내려가게 하라. 강력한 감각, 성적 존재, 완벽한 균형 상태, 모든 세상과 관계를 맺을 수 있는 자신을 느껴라.

마지막으로 신성한 사랑과 빛이 당신 자신의 존재 안에, 그리고 대지와 우주의 부드러운 포옹으로 안전하게 붙들면서 당신의 뿌리 차크라를 가득 채우는 붉은 루비가 되게 하라.

이제 당신 자신이 모든 당신의 빛을 보라. 당신이 진짜 누구인지를 보고, 당신 자신은 여전히 거대한 전체의 작은 부분이지만 당신이 갖고 있는 놀라운 창조물에서 자부심과 인류애의 혼합물이 되게 하라.

호흡하라. 그 힘과 위엄으로 호흡하라. 있는 그대로 존재하라. 당신 자신이 충분히 살아 있다고 느껴라. 그냥 존재하라…….

그 에너지들이 당신을 통해 주위로 흐르게 하고, 당신 자신이 완전히 치유되게 하라.

누구도 당신에게서 이것을 가져간 적이 없다. 이것이 바로 당신이다.

원하는 만큼 오래 머물러라. 준비가 되면, 당신의 초점을 각 차크라를 통해 위로 이동하라. 뿌리 차크라를 열고 떠나지만 사랑을 잡고 있으며, 당신이 편안하다고 느낄 때까지 다른 차크라들을 조금 닫아라. 마지막으로 다시 한번 감사를 보내고, 당신이 천천히 왕관 차크라를 닫으면서 모든 차크라의 치유의 힘을 잡고 있는 빛의 빔을 천천히 내려놓아라. 걱정하지 마라. 당신은 다시 돌아올 수 있으며, 당신이 하고 싶을 때마다 이것을 다시 할 수 있다.

당신 주위에 약간은 부드럽지만 강력한 보호막을 천천히 쳐라. 당신은 당신 주위를 둘러싼 보랏빛 망토나 원인의 몸 주위로 황금빛 후광을 상상할 수 있다. 그런 다음, 다시 한번 당신의 신체적 현존을 느끼기 시작하라. 심호흡을 하고, 천천히 손가락과 발가락을 움직여라. 감은 눈 너머의 한 지점으로 돌아가라. 충분히 현재를 느낄 때 천천히 눈을 떠라.

∽∽∽

물을 한 잔 마시고, 그라운딩되었는지 확인하라. 스트레칭을 하고 방 안을 걸어 다녀라. 그다음 당신이 원하는 무엇이든 여기에 기록하라.

> 보라, 나는 문밖에 서서 두드리리라. 누구든 내 목소리를 듣고 문을 열면 나는 그에게로 가서 그와 함께 먹고 그는 나와 함께 먹으리라.
>
> 『요한계시록』
> 3장 20절

확언

이제 당신의 확언을 원하는 만큼 많이 적어라.

사람은 물건도 아니고 과정도 아니지만 절대자가 드러내는 것을 통해 개방되고 정화된다.

마틴 하이데거

기록지

> 신의 은총의 바람
> 은 항상 불어온다.
> 그것은 우리를 위
> 해 우리가 돛을 올
> 리는 것이다.
> ──────────
> 라마크리슈나

Brenda Davies M. D.

영국의 정신과 의사이자 영적 치유자이며, 전통 의학적 수련에 고대 힐링 재능을 결합하고 있다. 브렌다는 전 세계를 돌아다니며 강의를 하고, 지금은 잠비아에서 살고 있지만 국제 순회를 통해 워크숍, 진료, 콘퍼런스를 계속하고 있다. 두 자녀의 어머니이자 한 아이의 할머니인 브렌다는 사랑과 힐링의 선구자적인 연구를 하면서 자신의 영적인 길을 행복하게 살아가고 있다. 브렌다는『The 7 Healing Chakras』『Unlocking the Heart Chakra』등 6권의 책을 쓴 저자이기도 하다. 브렌다의 저서 및 워크숍, 힐링 제품에 대한 정보는 www.justbe.org에서 확인할 수 있다.

박애영(Park, Ae-Young)

교육학 박사(상담심리 전공)이며 한국상담학회 전문상담사 수련감독자로 활동하고 있다. 간호사, 레이키 티처, 세타 치유자, 타로 마스터, 아유르베다 마스터, 최면치료사 자격을 유지하며 고대 힐링 기법에 관심을 갖고 교육 및 번역 작업을 하고 있다.

현재 동의대학교 간호학과 교수로 재직 중이며, 번역서로는『아유르베다와 마르마 테라피』(2011, 슈리크리슈나다스아쉬람),『레이키 힐링 핸드북』(공역, 2013, 슈리크리슈나다스아쉬람),『몸, 마음, 영혼을 위한 힐링』(2014, 학지사),『상담사와 심리치료사를 위한 직관』(공역, 2015, 학지사),『내면의 소리를 찾아라』(2018, 수문사),『보완대체요법』(공저, 2019, 현운사),『인간심리의 이해』(공역, 2020, 메디시언) 등이 있다.

차크라 힐링 워크북

차크라를 열어 주는 연습과 명상

THE 7 HEALING CHAKRAS WORKBOOK:
Exercises and Meditations for Unlocking Your Body's Energy Centers

2021년 1월 5일 1판 1쇄 인쇄
2021년 1월 15일 1판 1쇄 발행

지은이 • Brenda Davies
옮긴이 • 박애영
펴낸이 • 김진환
펴낸곳 • (주) **학지사**
　　　　04031 서울특별시 마포구 양화로 15길 20 마인드월드빌딩
대표전화 • 02)330-5114　　　팩스 • 02)324-2345
등록번호 • 제313-2006-000265호

홈페이지 • http://www.hakjisa.co.kr
페이스북 • https://www.facebook.com/hakjisa
ISBN 978-89-997-2237-0 93180

정가 17,000원

이 도서의 국립중앙도서관 출판시도서목록(CIP)은 서지정보유통지
원시스템 홈페이지(http://seoji.nl.go.kr)와 국가자료공동목록시스템
(http://www.nl.go.kr/kolisnet)에서 이용하실 수 있습니다.
(CIP 제어번호: CIP2020046427)

출판 · 교육 · 미디어기업 **학지사**

간호보건의학출판 **학지사메디컬** www.hakjisamd.co.kr
심리검사연구소 **인싸이트** www.inpsyt.co.kr
학술논문서비스 **뉴논문** www.newnonmun.com
원격교육연수원 **카운피아** www.counpia.com